太极炮捶实战述真

孙国玺 著

人民体育出版社

作者简介

孙国玺，太极缠丝腿实战先驱者；陈式太极拳第十二代传人，洪派太极拳第二代掌门李恩久先生入门弟子，马氏通备拳宗师马贤达先生的入门弟子；中国武术协会会员，中国武术七段；中国武术网和《世界武术》网络杂志荣誉副总编；经评选获“精武百杰”和“中华武林名师”等称号；庄河市太极缠丝腿非物质文化遗产继承人，武术界号称“辽南虎”。

在全国和国际武术大赛中多次荣获太极拳、翻子拳、三类拳、长器械、双器械、软器械、刀术、剑术的冠军和金奖，在国际武术争霸赛中荣获过80公斤太极推手、中国式摔跤和散打冠军。在2010年和2012年青岛全国杨式太极拳邀请赛中，被大会特邀在开幕式上做名家表演。曾在辽宁省传统武术比赛和全国杨式太极拳邀请赛中担任裁判，在地区综合格斗搏击大赛中担任总裁判长。孙国玺不仅武功高强，且文武兼修，在《精武》《武当》《中华武术》等杂志上发表文章及论文数十篇；2009年，被《精武》杂志评为“最受读者欢迎的作者”。他创编了40集《逍遥奇侠传》电视剧本。2005年9月，北京电视艺术中心出版了他的《逍遥铲》《逍遥武技道》等教学光盘。根据几十年的练功经验总结，进一步把太极拳的劲路运用到实战散打当中，2011年7月由人民体育出版社出版发行了《太极破腿百法》一书，开辟了太极拳破解腿法多元化实战的先河。2014年，台湾大展出版社购买了此书的版权，在台湾出版发行。2012年1月出版了《太极散打》《太极反擒拿法》等专著。另外，孙国玺将太极拳的缠丝劲运用到腿法之中，独创了太极拳缠丝腿，著有《太极缠丝腿》一书。近些年来，将太极拳的理法、内功修炼、养生等融会贯通，进而创作出太极拳的又一力作《太极拳道法禅宗》。同时，根据陈式传统一路和二路拳架，开创性地编写出《太极炮捶实战述真》《陈式太极一路实战大观》《太极鞭杆实战运用》《太极推手阴阳变化玄机》等著作。孙国玺的太极拳系列著作受到广大太极拳和武术爱好者的喜爱，其著作多次再版印刷。他把陈式太极拳历代较有争议的几个式名，如六封四闭、兽头式、井拦直入、顺拦肘、抱头推山等，在《太极散打》一书中重新作了考证，并作出了合理的诠释。而且，又将太极拳的八法模拟于具体的实战当中，发明了多种功法训练模拟器材，改变了历代太极拳训练只是从拳架上体会的传统模式，使读者能做到深刻、快速理解，从而达到功力快速增长的目的，获得了多项实用新型专利和两项国家发明专利。此项发明，不仅有助于推动太极拳实战的发展，同时更有利于太极拳的技术提高，为太极拳的发展做出了不可磨灭的贡献，使太极拳的技术和理论更加发扬光大。

孙国玺的事迹多次见诸于《辽宁日报》《大连日报》《半岛晨报》《大连晚报》《庄河日报》《庄河通讯》《庄河报》《人物风采》《庄河之窗》。大连电视台《城市发现》栏目和庄河电视台《红崖方圆》《今晚有约》《谁是小博士》《时讯30分》等栏目多次作过专题报道，辽宁电视台曾在比赛现场进行采访。弟子在省传统武术比赛和省武术锦标赛、全国武术比赛、全国冠军赛、国际武术大赛上获得金银奖牌数百枚。2005年，被《祥和中国》收编；2010年，被编入《当代武林英杰大典》；2011年，作为当代杰出的太极拳代表人物，被载入《中国太极拳大百科》；2012年9月，载入《大连武术百年历史回顾》。2013年在“首届养马岛杯国际武术争霸赛”中，荣获“中华武林名师”称号。2015年，太极缠丝腿被庄河市列入非物质文化遗产重点项目名录。他还创建了“太极缠丝腿国际推广中心”和“孙国玺武术搏击训练馆”，以自己独到的见解，向各地推广、传播着优秀的传统武术文化。

自 序

陈式太极拳是我国优秀的文化遗产，它不仅可以强身健体，同时也可以防身自卫；它不仅是中华民族的文化遗产，也是世界人民的宝贵财富。

传统的陈式太极拳流传至今，衍生出众多的流派和分支，其中以洪钧生先生传授的洪派太极拳最为著名。国内外的太极拳界，称赞洪公的手法为“魔手”，而日本太极拳界则把洪公奉为“太极巨星”。洪派太极拳之所以在全国乃至世界各地颇具影响力，不仅仅是因为洪公以及洪公教导出很多优秀的弟子，使太极拳走出了国门，更是因为20世纪80至90年代，恩师李恩久先生在济南开设“济南武术馆”时培养的第三代弟子中，涌现出一大批优秀的全国太极推手冠军，八连冠、六连冠、三连冠等屡见不鲜。其中，1992年在锦州的全国太极拳推手比赛中，我的师兄弟们，囊括了56公斤、60公斤、65公斤、70公斤、75公斤、80公斤的所有级别的冠军，使得洪派太极拳传承英才辈出，让整个太极拳界刮目相看。从此洪公的太极拳名震四海！

一个拳派的诞生，不是谁想叫就能叫得开的，它需要武林界的广泛认可。不仅要有优秀的传承者，更要有完整、科学、先进的训练体系。当然了，洪派太极拳的诞生，更是顺应了时代发展的潮流。

曾几何时，大家都把洪钧生先生所传授的拳法称作“济南拳”，也就是陈式太极拳济南架；也有的叫作“陈式太极拳实用拳法”，此名称来自于洪公著的《陈式太极拳实用拳法》；也有的称之为“洪传太极”“洪式太极”等。基于此种种的原因，洪氏家族的后人以及洪公的大部分弟子们，一致推荐李恩久先生为此拳法的掌门人，并正式颁发了证书。为了统一名称，李恩久先生经过缜密的推敲，2003年，正式将洪公传授的拳法称为“陈式洪派太极拳”，简称为“洪派太极拳”。

经过多年的耕耘和推广，洪派太极拳现在的习练者不仅遍及全国各地，也传播到世界多个国家和地区，习练者多达数万之众。它是太极拳界的一支绚丽的奇葩，是陈式太极拳发展的一个新的里程碑！

洪派太极拳以理精法密、轻灵自然、松圆雄浑、缜密缠绵、刚柔相济而著称武林。洪公首次提出了手法的公转与自转的顺逆，以及腿部缠法的先进理念，为后来者指明了前进的训练方向。李恩久先生在继承洪公拳法的基础上，发展了洪派太极拳的竞技推手训练，创立了“荡力桩”“八刚劲”等先进功法，把太极拳的竞技训练推向了一个新的高度。

我自20世纪80年代初拜李恩久先生为师后，几十年苦练不辍，处处以恩师为楷模。近几年，面对广场太极操的窘境，不揣冒昧，以洪派太极拳为基础，将二路炮捶编写成书，目的是使众多的太极拳爱好者对二路炮捶的实战用法能有进一步的了解，更希望能让广大的读者对太极拳实战有一个全新的认识。由于我与恩师相距较远，未能时时聆听受教，书中之见解难免与师传有所差异，只能说是我一己之见。太极拳的博大精深，也不是一两册书就能完全揭示得了的。

在艺术这个浩瀚的大海上探寻，谁都不要说自己真正拥有了大海，我们只是一个普普通通的弄潮儿。当我们拼搏挣扎在大海的波涛中时，才有可能深刻地体会到：我们所得到的，只不过是在汹涌的波涛中，沾湿在身上的那几滴浪花。

老祖宗留给我们宝贵的太极文化遗产，确实是博大精深！在几十年孜孜探寻中，愈来愈感觉到二路炮捶其理法的实用性和科学性，拳架的结构更是环环相扣、严密合理。基于此种种想法，多年来，将自己对二路炮捶的理解和经验编著成书，《太极炮捶实战述真》一书便由此诞生。

有人说，当今很多的艺术瑰宝，其精华渐渐遗失，能专心研究的人越来越少了。何也？有些人列举了很多开脱的借口。其实答案很简单，在当今金钱第一的社会中，艺术也沾染上了铜臭，当艺术沾染上了铜臭的时候，就很难能达到峰巅！很多自封为大师的人们，把艺术当作了吹捧自己的手段，以此来达到敛财的目的。他们往往把名利看作第一位，而不以追求艺术的更高境界为宗旨，故而各行各业的假大师、名不副实的大师们比比皆是。

今天，我本着学习交流的思想，将洪派太极拳二路炮捶的练法和用法编著成书，目的是想起到抛砖引玉的作用，希望习练太极拳的人们能不保守地广泛交流，将太极拳这一优秀的文化遗产发扬光大！

前 言

陈式太极拳是我国优秀的文化遗产，它不仅可以强身健体，同时也可以防身自卫。它是中华民族艺术宝库中的一颗璀璨的明珠，更是世界人民的精神财富。

随着太极拳的普及和推广，在全国乃至全世界习练太极拳者愈来愈多，面对太极拳发展的现状，可谓形势喜人，令人兴奋。然而，在太极拳的发展过程中，很多深邃内涵的东西也在渐渐丢失，由此，兴奋中不免带有一丝忧伤。老祖宗数百年留传下来的宝贵文化遗产，到如今，大部分成为了锻炼身体的一项健身操。面对整个太极拳界的尴尬现状，深感太极拳的传承和发展依然任重道远。

我自20世纪80年代初拜李恩久先生为师后，几十年苦练不辍，处处以恩师为楷模。近几年，面对广场太极操的窘境，不揣冒昧，以洪派太极拳为基础，从太极拳实战着眼，先后写出《太极破腿百法》《太极散打》《太极反擒拿法》《太极缠丝腿》《陈式太极一路实战大观》《太极炮捶实战述真》《太极拳道法禅宗》《太极推手阴阳变化玄机》《太极鞭杆实战运用》等有关太极拳实战方面的著作，旨在弘扬传统太极拳的精湛内涵，目的是让众多的太极拳爱好者对太极拳的实战用法能有进一步的了解。

我从几十年对太极拳的孜孜探寻中，愈来愈感觉到陈式太极拳二路炮捶的实用性和科学性。其理法的精密合理，很多招法承上启下的巧妙变化，拳架结构的环环相扣，恰如一篇精美的诗篇，缜密而周详，科学而合理！

所有练习陈式太极拳的人都知道，二路炮捶的风格特点是柔中寓刚、震脚发力、出拳速猛、闪展腾挪、窜蹦跳跃，整个拳势着重于松活弹抖的韧性劲和发力的练习。然而却很少有人知道二路炮捶为什么这样速猛，大多数习练二路拳的人都认为：一路练柔，二路练刚，只有如此，才能练出太极拳的刚柔相济来。

正因为大家都带着这种错误观点，导致了很多人把二路炮捶当作长拳一样来练习，长此以往，其中的太极内涵渐渐丢失。流传在民间的各种练法，更是花样百出，这主要是在传承的理念上出现了错误的认识。

陈式二路炮捶中，有不少一路的招式，请问：这些招法在一路里是柔化，而到了二路就是刚发了？另外，在二路炮捶中，仅掩手肱捶的练法就重复了6次，这又是怎么回事呢？此招难道就是为了练习刚发才反复设计的么？为什么是6次，而不是5次或7次呢？

二路炮捶的闪展腾挪、窜蹦跳跃，主要是体现五行步法的变化，由手法的八法配合步法五行变化，全面展示了太极十三势在实战中的具体运用。一个拳派，必须具有完整训练体系和与众不同制胜的内涵，否则，就不会有生命力！太极拳也是如此，它的攻防特点主要是采用了螺旋形式，以自转的螺旋代替了直线运动，身法、手法、腿法都是滚进滚入，使拳法在攻防中更加合乎技击运动的原理。它与其他武术门派的拳法一样，也注重身法、步法的训练，所以在二路炮捶

中，才有了人们见到的闪展腾挪和窜蹦跳跃。

二路炮捶之所以让人感觉到出拳速猛，是因为招法上下相连，组合而生。以掩手肱捶为例，整个拳架64招中，就有6个掩手肱捶。难道说是老祖宗没有东西往拳架里编了，才凑数的吗？回答是否定的！既然不是，而一套拳架中为什么要有6个重复动作呢？有人说，是体现此招的重要性和价值。如果是这样，也无须做6次的重复，而在训练中，每一招式都要拿出来单操反复练习的。其实，这6个掩手肱捶，主要是在运用捋、挤、按、挒、肘、靠的不同情况下的变化打法。所以，我们在训练中，要是将拳架中所有的重复招法，都只当作是一种练法或用法的话，就大错特错了，那就偏离了太极真正的涵义。太极生两仪，两仪生四象，四象生八卦，说明太极拳的每一招式，都可以繁生不息，含有无穷无尽的阴阳变化。

太极拳的本质就是四两拨千斤！以小力胜大力，这才是智者之举。其表现的形式是阴阳变化，刚柔相济。也就是说，太极拳不仅任何的一招都含有刚柔的变化、虚实的转换，即使每一个小动作、每一个掤点都有阴阳的变化玄机，却不是此招用柔、彼招用刚，或者此手法是虚、彼步法是实。太极拳的阴阳变化是阴中有阳、阳中有阴，阴阳互济方为懂劲！王宗岳在其《太极拳论》中早就指出：粘即是走，走即是粘，阳不离阴，阴不离阳，阴阳相济，方为懂劲。

太极如水。水之势避高趋低，湍急的流水使它产生了巨大的冲击势能，可以漂动巨石，这就是太极拳柔中寓刚之势。水无常形，因地而制流，这就是太极拳自然的避实击虚。《孙子兵法》说：“善守者藏于九地之下，善攻者动于九天之上。”

为了能使优秀的文化发扬光大，我把自己对陈式太极拳二路炮捶数十年的练拳心得编著成书，供广大的太极拳爱好者和练习者参考。

此书由于篇幅较大，故删除了很多细节和变化的用法，仅选有代表性的用法供大家参考学习，望读者见谅。

此书在出版前，得到恩师李恩久先生和大连鞠传德师伯的大力支持，也得到了洪派太极拳和马氏通备拳众多师兄、师弟们的大力支持，还得到了全国各地、各门各派同道们的热情鼓励，在此，我表示衷心的感谢！

此书在拍摄中，学生石竟一、陪练王春庆等都付出了大量的精力，在此表示真诚的谢意！

另外，还要感谢夫人李友，多年来无怨无悔、无微不至的照顾和在武术事业上对我的默默支持。

在这里还要特别提到大连九成测绘企业集团董事长杜明成先生，他对我多年来在武术事业上的发展一如既往地给予大力支持和帮助，在此表示深深的感谢和敬意！

目 录

第一式
金刚捣碓

金刚捣碓，公认为是太极拳的母式，它包含了太极拳五行八法、十三势的基本变化。所以，在论述此式的实战运用时，从起势的松沉劲和周身的掤劲、步法的五行变化、太极八法的阴阳变化和四象衍生，乃至到各种打法的三节贯穿，详细、全面地进行了剖析，目的是使读者能全面了解太极拳的各种变化规律，从中有所启迪。

【动作一】预备势。双脚并步站立；双手自然下垂于两腿外侧；含胸拔背，头劲上顶，敛气凝神，目视前方。（图1）

图1

要领说明：此预备势是太极拳开势的准备动作。要求内在做到心定神闲，中正安舒，气沉丹田，将身体的重心自然沉到脚底，意在周身四处都有掤劲；外在要做到周身放松，松肩垂臂，含胸拔背，中正安舒。

预备势属于无极之象，它包含了武术的内三合和外三合，以及内外相合的原理。任何拳法的每一招一式，都要做到心在先，心到意到，意到气到，只有气到才能力到，这就是武术的内三合。而其外表肢体的运动又必须在内三合的支配之下做到内外相合，如此周身才能完整一气，从而才能达到整体的协调统一。

【动作二】身体重心下沉，双腿微屈；手法不动，眼法不变。（图2）

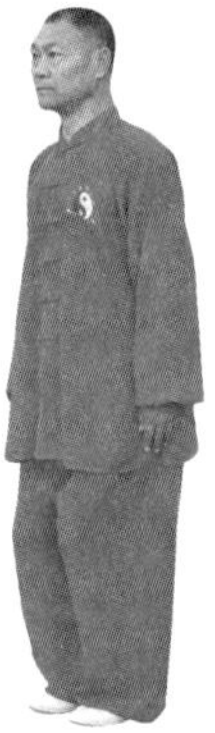
图2

要领说明：重心下沉的同时，一定要做到敛臀，同时要虚领顶劲；重心下沉时，不仅要做到气沉丹田，周身还要有松活的掤劲。

大家都知道无极生太极这个道理，王宗岳在其“太极拳论”中早已指出：“动之则分，静之则合。”所以行拳时，只要身体乍动，太极的阴阳变化就已经衍生。此式包括身体前掤法、后掤法、上掤法、下捌法、前抱腰沉劲法、后抱腰沉劲法、前捆腰沉劲法、后捆腰沉劲法等。由于篇幅所限，略加说明。

用法一　身体前掤法

当对方用单手或双手按击我胸部时，我沉劲下塌，含胸引劲，身体掤住对方的来力，即使对方的来力再大，也不能撼动我的根基，这就是身体的中定掤法。（图3）

图3

要领说明：身体要做到放松，劲力要沉到脚底，这就是太极拳要求的“松沉劲”。当对方的来力透到我的体内时，要将来力通过身体的传导引到脚底，这样，即使对方来力再大，也无奈我何。

用法二　身体下捌法

当对方用掌按击我胸部时，我身体趁势含胸引劲，使对方的发力引进落空；同时，身体上部掤住对方的掌指，身体走立体的正圆圈，捌打或捌拿对方的掌指。（图4）

图4

要领说明：此法是运用身体的下捌法。其实太极拳的每一个圆圈中，都包含了太极八法，并且其中囊括了三节的运使；而每一个力的接触点，又都包含着阴阳虚实的变化。此式的运用，彰显了太极拳处处都有一虚实的原理。

用法三　前抱腰沉劲法

当对方在我身前用双手抱紧我前腰时，我身体放松，腿部微弯曲下沉，以身体的旋缠丝劲掤住对方双臂，使其难以将我身体抱起。（图5）

要领说明：在身体沉劲时，身体要松沉，要保持中正和稳定。另外，身体以螺旋缠丝劲破坏其上提之力的运行。

【动作三】整个重心转换到右腿之上，随重心慢慢移动到右腿之时，左脚以脚跟、脚尖依次慢慢地提起，向左侧一肩宽的距离开出；左脚在落地时，左脚尖先着地，随之重心慢慢左移，左脚跟轻轻着地。（图6）

图5

图6

要领说明：在重心变换的过程中，身体一定要平稳，双肩不可起伏摇摆，这就是太极拳要求的中正安舒、立如枰准。重心移动到右腿之时，身体一定要放松，将整个身体的重量沉到右脚底。当左脚尖着地后，要随重心的左移而将劲力沉到双脚之上。在实际应用掤法时，顺应实战的需要，也可能变为右腿开步，这就是腿法的阴阳练法。左右腿不仅可以侧开，也可以进、退，这就是太极拳十三势的五行变化。如此，拳法才能练活和变通。

用法　五行进步掤法

当对手用按劲推我胸部或者双方交手之际，可能由于实战进攻的需要，我身体掤劲不丢，左腿向前进步。此为五行之“进”。（图7）

图7

要领说明：以上步法的变化，为太极拳五行的进步变化，其他变化掤法略。在此式变化中，不仅仅是左腿的变化，根据情况的需要，右腿也含有五行的运行；左、右腿的交替变化，即为阴阳，也就是说有左就有右。五行步法的任何变化，身体都要保持中定掤劲，掤法中要处处包含阴阳的虚实。身体要做到松沉，支撑腿为实，变化腿为虚，实腿要将松沉劲沉到脚底，虚腿要轻灵快捷。不管进攻或防守，即使一条腿支撑身体，也要保持平衡，不能被对方来力所牵动。

图8

【动作四】腰裆左转45°；双臂松肩垂手；目视左前方。（图8）

要领说明：此法是身体的掤法。它包括化劲和㧐劲的阴阳变化，同时，包括捆腰肩、肘、胯等三节的打法。

用法一　破前抱腰㧐法

当对方从我前面抱住我的腰欲使用摔法时，我身体螺旋下沉，同时，右臂掤住其抱我之左手臂，腰裆微左转，右臂掤㧐对方左肘反关节，其臂必断裂无疑。（图9）

图9

要领说明：在运用时，右臂要有松沉的下旋劲，胳膊的螺旋要与身体的旋转协调一致，这也是人们通常说的“整劲”。此法的运用分阴阳，运用左臂掤挒其右臂和后抱腰挒法就省略了。

用法二　破前捆腰肩靠法

当对方从我前方突然连同我双臂一起抱住之时，我身体首先放松，沉劲到脚底，以防对方将我抱起；同时，身体鼓荡，掤住对方双臂，双手领劲下旋，将对方之力螺旋牵引向下，腰裆左转，头劲上领，上体螺旋向左上旋转，身体突然放松，以右肩靠击对方胸部。（图10）

要领说明：身体放松是便于劲力下沉，以保持中正的稳定；身体鼓荡，是便于掤住对方双臂，以便于我的螺旋缠丝劲力的运用，上体螺旋向上与身体的下沉，正好诠释了太极拳的沉劲和虚领顶劲，身体的鼓荡与放松，乃是太极的一吞一吐。

图10

用法三　破后捆腰胯打法

当对方从我身后突然连同我双臂一起抱住之时，我身体松沉，腰裆左转（或右转），用胯部靠击对方小腹或左大腿根。（图11）

要领说明：后捆的肩靠、肘打、胯打等法，就是武术中的节节贯穿，只要对方任何一处松动有空隙，就可出击攻取。这就是拳论中提到的所谓“挨到何处何处击”之意。

图11

【动作五】腰裆右转，身体重心随之移动到右腿；右手指正旋领劲变採手，随身体右转沉肘向右侧领劲，左手收肘捋劲，右手掌心朝前下方，左手掌心从上方向内侧自转旋转，双手位置在身前；同时，左腿以脚跟内侧擦地向左前方开步；目视左手尖。（图12）

图12

要领说明：右手正旋採手要顺对方来势，手法要求自转；左手反旋掤劲收捋，随腰裆右转协调一致，要做到节节贯穿，身体的掤劲不可丢；身体要放松，把重心沉到脚底。双臂要保持松肩沉肘的基本原则，双手要有松沉的掤劲。其实战技法主要是左右手捋法的四象（上下左右）、挒法四象（上下左右）、三节的打法（手按、肘击、肩靠、胯打）。

用法一　破右拳右採左捋法

当对方以右拳向我面部或胸部攻击时，我腰裆右转，右手正旋採住对方右腕，同时，左手反旋掤住对方右肘关节外侧，顺势向右侧收肘捋劲，借力将对方捋摔而出。（图13）

图13

要领说明：右手在採手时，不可用力拖拉，要做到松肩沉肘，以腰带手；左手的收肘捋劲，要随对方的来势腰裆自然转换，形成整体的协调统一。捋法有外捋、内捋、上捋、下捋的变化。其他用法略。

用法二　破右拳右採挒法

当对方以右拳攻击我胸部时，我腰裆右转，右手正旋採住对方右腕，顺势向右侧领劲，同时，左手反旋，掤住对方右臂反关节处，向右前方顺势收肘成分劲，形成挒打。（图14）

图14

要领说明：此法属于常规挒法。当左手挒打对方右肘反关节时，要以身体自转的掤劲为主，身体自转的掤劲要与左手的挒劲形成合力。挒法有左挒、右挒、上挒、下挒之变化。

用法三　破右拳右採左手上挒法

当对方以右拳攻击我中上盘时，我腰裆右转，右手正旋採住对方右腕拧旋，同时，左手反旋，掤住对方右肘，顺势反旋收肘向下走分劲，形成上挒之势。（图15）

要领说明：此法是外挒的变化。左手要做到粘走相生，缠绵不断；左右手要形成对拉力，右手要沉劲上提，如同杠杆，左手的支点要有松沉劲，向下沉劲挒打。

图15

用法四　破右拳右採左捋左腿内缠捌摔拿法

1. 当对方以右拳攻击我面部时，我腰裆微右转，右手正旋採住对方右手，同时，左腿进步至对方裆前，左手反旋，掤住对方右臂肘关节处。（图16）

2. 腰裆加大右转，右手採劲向右后方引化，左手加大反旋挤碾劲，同时，左腿后外缠掤，使其右腿失去平衡而栽倒，形成捌拿对方右臂之法。（图17）

要领说明：此法属于常见的擒拿之法。关键要做到手法与腿法的协调统一。

图16

图17

用法五　破右拳右採左抱臂左腿外缠捌法

1. 当对方以右拳攻击我面部时，我腰裆微右转，右手正旋採住对方右手；同时，左腿进步至对方右腿后侧，左手反旋，从对方右臂下穿入缠抱住对方右臂。（图18）

图18

2. 腰裆右转，右手採劲向右后方引化，左手掤劲不变，身体掤住对方右臂右转捌靠；同时，左腿前内旋缠掤，使其右腿失去平衡而形成捌拿之法。（图19）

图19

要领说明：此法是右採左抱臂缠捌之法，同时，配合腿法的缠丝劲，在擒拿中有的称此式为“偎身抱梁”。身体要沉劲自转螺旋，左手指要有螺旋领劲，以加大捌势。

用法六　破左拳右採左捋别摔法

1. 当对方用左拳攻击我面部时，我腰裆右转，右手正旋採住对方左手，左腿进步插腿到对方左脚外侧；同时，左手反旋从对方左臂下穿入，缠抱住对方左臂。（图20）

2. 腰裆加大右转，右手採住对方左手顺势捋劲，左手抱住其左臂向右侧顺势发力；同时，左腿别住对方左腿形成别腿摔。（图21）

要领说明：此法不仅仅是双手的採捋劲配合左腿的别摔，同时，身体也要有右转的掤旋劲，另外，左腿在别摔时，要有后外旋的缠丝劲，劲力要完整合一。

图20

图21

用法七　破左拳右採左内捋左肩靠击胸部法

1. 当对方用左拳攻击我面部时，我腰裆右转，右手正旋採住对方左手，左腿进步至对方裆前；同时，左手反旋，从内侧掤住对方左臂。（图22）

2. 腰裆加大右转，右手採住对方左手，顺势向右后引劲；同时，左手从内侧向右侧收捋，随身体右转时，以左肩靠击对方胸部。（图23）

要领说明：在右採左捋时，捋劲要走圆，肩靠时，其实就如同一个圆轮在旋转一样，自然而然，这边旋转过去，那边就旋转过来。正如王宗岳“太极拳论”所言“忽隐忽现”，这也是太极所要求的“圆活”之意。

图22

图23

用法八　破左拳右採左内捋左肘挑击胸口法

1. 当对方用左拳攻击我面部时，我腰裆右转，右手正旋採住对方左手，左腿进步至对方裆前；同时，左手反旋，从内侧掤住对方左臂。（图24）

2. 腰裆加大右转，右手採住对方左手，顺势向右后引劲，左手从内向右侧收捋；同时，随身体右转时，以左肘尖向上挑打对方心口。（图25）

要领说明：此法与肩靠法相同。在这里要说明一点的就是，肘法的击打也不是固定的、一成不变的，它是根据实战的不同需要和变化，演化有四象、八卦方位的打法。根据击打的方位，有横肘、挑肘、撞肘、豁肘、砸肘、盖肘等多种不同打法，望练者多加揣摩。

图24

图25

用法九　破左拳右採左捋左胯击打裆部法

1. 当对方用左拳攻击我面部时，我腰裆右转，右手正旋採住对方左手，左腿进步至对方裆前；同时，左手反旋，从内侧掤住对方左臂。（图26）

2. 腰裆加大右转，右手採住对方左手，顺势向右后方引劲，左手从内向右侧收捋；同时，随腰裆右转时，以左胯靠击对方小腹或裆部。（图27）

要领说明：此法是腿部三节打法，要做到节节贯穿；左胯靠击时，要有爆发力，身体要做到中正安舒、沉裆塌劲。

图26

图27

用法十　破左拳右採左手反夹脖锁喉别腿摔

1. 当对方用左拳攻击我面部时，我腰裆右转，右手正旋採住对方左手，左腿进步至对方裆前；同时，左手正旋，反夹锁住对方脖颈。（图28）

2. 腰裆加大右转，右手採住对方左手顺势捋劲，左手夹住其脖颈上旋右转，以腰胯上掤右转发力；同时，左腿别住对方左腿形成别腿摔，将对方别摔而倒。（图29）

要领说明：此法在左手反夹脖时，要有锁喉的意识；左腿别摔时，要有缠丝劲；动作要做到一气呵成，腰裆转换要圆活。

图28

图29

用法十一　破解左鞭腿右抄腿肩靠摔

1. 当对方用左鞭腿攻击我右侧头部时，我腰裆微右转，右手正旋掤接对方左腿，同时，左腿进步至对方裆前，左手掤住对方左膝关节处。（图30）

2. 腰裆加大右转，左臂松掤，身体自转，以左肩向前螺旋靠击对方胸部。（图31）

要领说明：右手接对方左腿时，要从对方左腿外侧掤接，不可与来腿的力量相抗，要有松柔的掤接劲。左肩靠击时，沉裆塌劲，要有渗透力。

图30

图31

【动作六】腰裆左转，沉裆塌劲；左手反旋向前挤按，同时，右手在腹前正旋自转；目视左前方。（图32）

要领说明：此法是左臂的挤、按、靠之法，也包含肘法、挒法和胯打。是当对方腰裆右转化解我捋劲之时，我顺势左转的掤法。左转时，腰裆要松活和沉裆塌劲，左手指要领劲，同时，左臂要做到松肩沉肘，右手要做到自转外碾。

图32

用法一　破右拳右采左捋左手按劲法

1. 当对方以右拳攻击我面部时，我右手正旋采住对方右手，顺势向右后方引化；同时，左手反旋掤住对方右臂，顺势向右侧收肘捋劲。（图33）

2. 若对方受到我的捋劲，腰裆右转化解捋势变挤靠时，我左手顺势反旋掤住其右臂；同时，腰裆左转，左手领劲螺旋，左掌顺势掤按住对方胸口，沉裆发力。（图34）

要领说明：左手捋劲时，要做到先收肘，以肘带手；左手反旋掤劲时，要做到松肩沉肘，左臂要有松沉的劲；左掌按击要做到沉裆塌劲，力达脚底。

图33

图34

用法二　破右拳右采左掤上旋挤靠法

1. 当对方进右步出右拳攻击我面部时，我右手正旋采住对方右手，顺势向右后方向引化；同时，左手反旋掤住对方右臂上方，与右手合力向右侧成捋势。（图35）

2. 若对方受到我的捋劲，腰裆右转化解捋势变挤靠时，我顺势腰裆左转，左手掤住其右臂反旋变挤按，同时，右手正旋自转，与左手形成合力，顺势向前掤发挤靠。（图36）

图35

图36

要领说明：此式要做到劲力完整合一，身体协调一致；要做到沉裆塌劲。

【动作七】腰裆微右转；左手指领劲向前，左臂松肩沉肘，随腰裆右转外碾，裆劲下塌，同时，右手加大正旋自转。（图37）

要领说明：此动作是在挤靠劲受到对方的阻力和抗力，无法做到前挤塌发时，腰裆微右转，掤化对方的抗力，形成转化之法。此动作虽小，但劲力转化很微妙。

图37

用法一　破右拳右采左挤靠变右转上引化法

1. 当对方以右拳攻击我胸部时，我右手正旋採住对方右手腕，同时，左手反旋捋住对方右臂，双手合力顺势向右后方捋劲。（图38）

2. 若对方腰裆右转，以挤靠化解我的捋劲时，我右手採劲不变，左手指领劲，左臂松肩沉肘，以挤靠劲破坏对方下盘平衡。（图39）

3. 如果对方沉裆塌劲，以松沉劲掤住我的挤靠，我腰裆微右转，左手领劲，身体的掤劲不丢，右手的採手不变，以身体右转的掤化劲破坏其下盘的稳定，将对方掤旋而出。（图40）

要领说明：要求做到松肩沉肘，身体右转掤化对方的抗力时要放松，沉裆塌劲，劲力要完整合一。

图38

图39

图40

用法二 破右拳右採左挤靠变右转下捌法

1. 当对方以右拳攻击我胸部时，我右手正旋，由下至上採住对方右手腕；同时，左手反旋，由对方右臂下穿入掤住对方右前臂，左手收肘，顺势向右后捋劲。（图41）

2. 若对方腰裆右转，以挤靠化解我的捋劲时，我右手採劲不变，左手指领劲，左臂松肩沉肘，以左前臂的挤靠劲欲将对方挤靠而出。（图42）

3. 若对方沉裆塌劲，以松沉劲掤住我的挤靠时，我腰裆微右转，左臂的掤劲不丢，右手的採手不变，左手领劲，随身体右转捌打对方的右肘反关节，同时，破坏其下盘的稳定，将对方掤捌而出。（图43）

要领说明：此法在转变为挤靠劲时，由于对方抗力的原因，我顺势变化为捌劲，将对方的挤劲改变方向，使其失去平衡。要求沉裆塌劲，腰裆转换要圆活，劲力要完整合一。

图41

图42

图43

【动作八】腰裆加大右转，左手反旋自转；右腿随腰裆右转收腿至左腿外侧后，再进步到右前方45°成虚步；同时，右手反旋合于左手下，成手交叉状；目视正前方。（图44）

图44

要领说明：此式最应当注意的是：右腿在进步时，左腿要踏实站稳，右脚先收回到左腿旁，随身体螺旋右转时，再进步成虚步。手法和步法不仅要做到协调一致，同时，身体一定要保持中正；在进步时，身体不可左右摇摆或起伏。

用法　破右拳左采右腿进步别腿

当对方以右拳攻击我面部时，我左手反旋採住对方右腕关节处；同时，右腿进步到对方右腿后侧，右手反旋插到对方右臂下，缠抱住对方右臂。（图45）

图45

要领说明：此法是一个抱缠别腿的动作。手腿一定要做到协调一致，手到脚到的高度统一。

【动作九】腰裆微左转；双掌内旋，收手变拳合于胸前。（图46）

图46

要领说明：此动作双掌变拳内旋时不可分离，前臂要粘在一起螺旋旋转。内旋时，腰裆顺势左转，裆劲下沉。

用法一　破右拳左采进步右抱缠右肩靠法

1. 当对方用右拳攻击我面部时，我腰裆左转，左手正旋採住对方右腕；同时，右腿进步至对方裆前，右手顺势反旋，从对方右臂下穿入缠抱住对方右臂。（图47）

2. 腰裆加大左转，双手缠抱对方右臂向左旋转引劲，同时，右肩顺势向前靠击对方胸部。（图48）

要领说明：此动作的左採右抱缠以及右肩的靠击要做到一气呵成。肩靠时，要保持重心的稳定，力达脚底。此式与上式是中节和根节的变化打法。此式也可变化肘打、胯打等。

图47

图48

用法二　破左拳左采进步抱缠变右掌按法

1. 当对方用左拳攻击我面部时，我腰裆左转，左手正旋採住对方左手；同时，右腿进步至对方左腿后侧，右手反旋，从对方左臂外侧下方进入缠抱，并顺势向左捋劲。（图49）

图49

2. 如果对方腰裆左转以化解我的抱捋时，我腰裆右转，左手採劲不变，右手顺势随腰裆右转变反旋，按击对方心口。（图50）

要领说明：要做到粘连黏随，腰裆转换要圆活，右掌反旋按击要沉裆塌劲、中正安舒。

图50

用法三 破左拳左採进步抱缠肩靠

1. 当对方进左步出左拳攻击我面部时，我腰裆左转，左手正旋上掤採住对方左手；同时，右腿进步至对方左腿后侧，右手反旋，从对方左手下进入内侧，抱缠对方左臂，并顺势向左捋劲。（图51）

2. 腰裆右转，左手採劲不变，右肩顺势随腰裆右转，靠击对方左肩胛。（图52）

要领说明：此法与上式的手按都属于左採左手走左边门的三节打法，在这里只讲解了按法和肩靠两法。太极拳所谓的节节贯穿，手法上就是手、肘、肩的节节进击。动作一定要顺遂，身体要做到放松，如此才能做到“挨到何处何处击”之妙。

图51

图52

【动作十】腰裆右转；左手反旋，收肘下沉变仰掌，掌心朝上收至腹前，右手握拳领劲向上走正旋，高与眼齐，拳心朝外；同时，右膝提起，头劲上顶；目视前方。（图53）

要领说明：要虚领顶劲，气注百会穴，做到含胸拔背，松肩沉肘。

图53

用法一　破右拳左采右手螺旋上挒法

1. 当对方出右拳攻击我面部时，我腰裆左转，左手採住对方右腕；同时，右腿进步至对方裆前，右手反旋，从对方右臂内侧穿入，以右前臂缠挒住对方右肘关节。（图54）

2. 腰裆右转，左手採住对方右腕正旋缠拧，同时，右手领劲反旋上掤，加大右手的缠丝劲，使对方右臂受到挒劲。（图55）

要领说明：要注意右手的螺旋领劲。头劲上顶，身体随右拳的螺旋也要整体螺旋向上。

图54

图55

用法二　破右拳左采右手螺旋右捌法

1. 当对方出右拳攻击我面部时，我腰裆左转，左手採住对方右腕；同时，右腿进步至对方裆前，右手反旋，从对方右臂下穿出到外侧，螺旋掤住对方右肘关节。（图56）

2. 腰裆右转，左手採劲不变，右手随腰裆右转向右侧方螺旋正缠捌打对方右肘反关节。（图57）

要领说明：此法是右捌之法。在捌劲时，身法与手法要形成完整的合劲。

图56

图57

用法三　破右拳左采右手螺旋后捌膝攻法

1. 当对方进右步出右拳攻击我面部时，我腰裆左转，左手採住对方右腕；同时，右手反旋，从对方右臂下穿出到外侧，螺旋掤住对方右肘关节。（图58）

2. 腰裆微右转，左手採劲不变，右手掤住对方右肘螺旋向右后方捌打，使对方向我右后侧栽出；同时，右腿顺势提膝撞击对方裆部。（图59）

要领说明：右手向后捌打时，要有螺旋向下收肘的螺旋劲，做到内外相合。

图58

图59

用法四　破右拳左採右收肘㧐提膝打法

1. 当对方进右步出右拳攻击我面部时，我腰裆左转，左手採住对方右腕；同时，右手反旋从对方右臂下穿过，右手扳住对方右肘欲使用㧐法。（图60）

2. 对方腰裆右转，欲化解我的㧐劲时，我顺势右肘下沉，腰裆加大左转，左手採住对方右腕向左下方掤劲，右手顺势收肘㧐打对方右肘反关节；同时，右膝顺势提起撞击对方胸部或裆部。（图61）

要领说明：此法与以上三法正好形成了四象的㧐打法，即前后左右的四个方向。此法在㧐打时，要遵循以腰带肘、以肘领手的节节贯穿的基本原则。

图60

图61

用法五　破右拳左采右挒变双手挒拿法

1. 当对方出右拳攻击我面部时，我腰裆左转，左手采住对方右腕；同时，右腿进步至对方裆前，右手反旋从对方右臂下穿过，用右臂挒住对方右肘。（图62）

2. 腰裆加大左转，左手向左下掤旋挒劲，右手收肘掤劲变右手左下掤肘，随腰裆左转，右掌正旋转变推对方右肘，使对方右臂被我擒拿。（图63）

要领说明：右手要做到收肘、以腰带肘的整体劲。双手的劲力要做到完整合一。

图62

图63

用法六　破右拳左采右挒肩靠法

1. 当对方出右拳攻击我面部时，我腰裆左转，左手采住对方右腕；同时，右手反旋，从对方右臂下穿过，收肘挒拿对方右臂。（图64）

2. 若对方腰裆右转，欲化解我的挒劲时，我右腿立即进步至对方裆前，左手採劲不变，右手松开挒劲，以右肩靠击对方胸部。（图65）

要领说明：在右肩靠击对方胸口时，劲力要松沉到脚底。另外，肩靠时，右臂一定要做到放松，只要松掤对方右臂即可。身体要中正，劲力要完整合一。此式肘打、胯打等略。

图64

图65

用法七　破左拳左采身体掤捩右拳击打咽喉法

1. 当对方用左拳攻击我面部时，我腰裆左转，左手正旋採住对方左腕，右腿随即进步至对方左腿后侧；同时，右大臂随腰裆左转掤捩对方的左肘反关节。（图66）

2. 当对方受到我的掤捩劲攻击后，腰裆左转欲化解我的捩劲时，我腰裆右转，左手採劲不变，右手变拳，顺势从对方左臂内侧由下至上击打对方的咽喉或下颏。（图67）

要领说明：身体要有自转的螺旋掤劲，要做到中正安舒。右拳的反旋上击，要随腰裆右转螺旋而上，劲力一定要通达贯穿。

图66

图67

用法八　破右拳左掤化变进中门摘瓜法

1. 当对方出右拳攻击我面部时，我腰裆左转，左手正旋掤化对方右拳，左手顺势向前掤按住对方头顶；同时，右手正旋向前、向上托其下颏。（图68）

2. 腰裆加大左转，双手合力，形成双手拧头的必杀之技。（图69）

要领说明：此法是破解拳法进中门的拧头法，在擒拿中，称之为“摘瓜”。双手拧头要做到手随身转。注意，在训练中，不可轻试。

图68

图69

用法九　破右拳右掤走边门摘瓜法

1. 当对方出右拳攻击我面部时，我腰裆右转，右手正旋掤化对方的右拳；同时，右腿进步至对方右腿后侧，左手顺势向前掤按住对方头顶，右手反旋，向前托住对方下颏。（图70）

图70

2. 腰裆左转，同时，双手合力向左侧拧转对方头部。（图71）

要领说明：此法是破解右拳走边门的摘瓜式。此动作要做到身手合一，手随腰转，力达双手，双手拧头时，右臂要掤住对方右臂。

图71

用法十　破右拳左采右按头提膝击面法

1. 当对方出右拳攻击我面部时，我腰裆右转，左手正旋採住对方右手，同时，右手正旋，向前按住对方头部向下揪拉。（图72）

2. 腰裆右转，左手的採劲不变，右手拉住对方头部沉劲下按，同时，右膝顺势提起，撞击对方面部。（图73）

要领说明：右手按头，也可以变向下揪拉对方头发，要做到与膝法相合。此法是典型的手与脚合、肘与膝合、肩与胯合的外三合打法。

图72

图73

用法十一　破右拳左採右手反夹脖右腿缠摔法

1. 当对方进右步出右拳攻击我面部时，我腰裆左转，左手正旋採住对方右手；同时，右腿进步到对方右腿内侧，右手顺势正旋，向前反夹住对方脖颈。（图74）

2. 腰裆右转，右手夹住对方脖颈向右侧翻转，左手採劲不变，右腿趁机后内旋掤旋对方右腿，使其下盘失去平衡，向我右侧翻倒。（图75）

要领说明：此法是左採右手反夹脖配合右腿的缠摔之法。它需要腰裆右转、右手的翻转和右腿的缠丝协调配合，要做到劲力完整合一，腰裆转换要圆活，身体要中正。

图74

图75

用法十二　破右拳左採右捋变右挤靠切腿摔

1. 当对方出右拳攻击我面部时，我腰裆左转，左手正旋採住对方右手，同时，右手反旋，从内侧掤住对方右臂，顺势向左侧收肘捋劲。（图76）

2. 当对方腰裆右转，欲化解我的捋劲时，我腰裆右转，左手採住对方右腕反旋推掤，右手沉劲前挤；同时，右腿快速进步至对方右腿后侧后外旋转，将对方切摔放倒。（图77）

要领说明：这是上面挤靠、下面别腿缠摔之法。拳法在运用时，手法和腿法前后、左右、内外、上下千变万化，看似无法，实则式式严谨有序，虚中有实，实中有虚，虚虚实实，随机而动，此乃太极真谛。

图76

图77

用法十三　破右高鞭腿左抄右抹脖右腿扫踢摔

1. 当对方用右高鞭腿扫击我上盘时，我腰裆微左转，左手反旋，从对方右腿下反抄缠住对方右腿，同时，右手正旋，向前抹住对方脖颈向右后方捋按。（图78）

2. 腰裆右转，左手缠掤对方右腿，加大上掤幅度；同时，右腿扫踢对方左独立腿，使其前翻而倒。（图79）

要领说明：此法是左掤右抹脖的扫踢动作，与破解右拳的手法相同，只是用法有别而已。

图78

图79

用法十四　破右高鞭腿左抄右抹脖右膝击面法

1. 当对方用右高鞭腿扫击我上盘时，我腰裆微左转，左手反旋，从对方右腿下反抄缠住对方右腿，右手正旋，向前抹住对方脖颈向下捋按。（图80）

2. 腰裆右转，左手缠掤对方右腿加大上掤幅度；同时，右膝提起，顺势撞击对方面部。（图81）

要领说明：右手的捋按劲要与右膝撞击形成上下的合力。动作要做到协调一致，内外相合。

图80

图81

用法十五　破左蹬腿左抄右腿挂踢摔法

1. 当对方用左蹬腿攻击我腹部时，我腰裆右转，左手反旋，由上至下反抄对方左脚后跟。（图82）

图82

2. 腰裆左转，左手顺势向左侧方勾腿领劲，使对方左腿向左侧移动，右掌顺势反旋拍击对方面部或砍击对方咽喉；同时，右腿乘势扫踢对方右腿，使其向后翻倒。（图83）

要领说明：要求手与足合，周身协调一致，劲力完整合一。

图83

【动作十一】腰裆左转；左拳变掌，掌心向上；同时，身体沉劲向下，右拳沉肘螺旋下砸于左掌上；右脚随砸拳震脚于与左脚平行一肩宽处，目视前方。（图84）

要领说明：右手在砸拳时，要做到以腰带肩，以肩领肘，以肘领手。震脚要有松沉劲，发力要做到沉稳凶猛、浑厚有力、气沉丹田。

图84

用法一　破右拳左採右捌右膝顶裆变震脚打法

1. 当对方用右拳攻击我面部时，我腰裆左转，左手从内侧正旋採住对方右腕，右手反旋从对方右臂下穿入，收肘捌拿其右臂肘关节；同时，右腿提膝攻击对方裆部。（图85）

图85

2. 我乘势左手反旋，採住对方右腕向上领劲，右手沉肘向下，与左手之劲形成相对拧绞之力，将对方右臂挒断；同时，右脚向对方前脚面震脚跺击。（图86）

要领说明：此法要做到手法的粘连黏随，挒打对方右肘关节时，要做到右手的领劲螺旋；身体要做到松沉，劲力要完整合一。

图86

用法二　破左拳左採右挒右脚碾打三里穴法

1. 当对方用左拳攻击我的面部时，我腰裆左转，左手正旋採住对方左腕，同时，右手反旋，挒打对方左肘反关节处，右腿顺势提起，以右膝撞击对方左肋。（图87）

2. 腰裆继续左转，左手採劲不变，右手挒中带捋，向左侧缠掤引化；同时，右腿顺势而下，碾击对方左腿足三里穴位处。（图88）

要领说明：右手的左捋要有缠丝劲，右腿的膝攻要随腰裆左转与身体形成协调统一的合力；右脚在下碾时，要顺势而下，以腿听劲，轻灵中带有沉稳的碾旋之力。

图87

图88

第二式
拦擦衣

拦擦衣在陈式太极拳中属重要招法之一。它在一路拳架中，有进退步拦擦衣和退进步拦擦衣，这是五行步法变化的用法。此式在具体的运用中，有前、后、左、右的掤化劲，不仅是化解左、右拳法的反击打法，也能破解左、右的各种腿法攻击，它集踢、打、摔、拿为一体。右掌的按击在实战中，包含了二次发力和阴阳的变化，可以根据对方的左右旋转有阴、有阳，可以正旋，也可以反旋按击。

【动作一】步法不变，腰裆左转；左掌向右侧方旋转引化，同时，右拳变掌，随腰裆左转向左侧领劲；目视右前方。（图89）

要领说明：身体要放松，裆劲要沉住下塌，气沉丹田，头劲上顶，中正安舒。身体要有掤劲，双臂要做到松肩沉肘。

图89

用法一　破双手推按左转掤化摔

1. 当对方右手採住我右手，左手掤按我右肘，以双手发力推动我身体时，我身体放松，裆劲下沉，身体微含胸引劲，用身体松掤对方的来力。（图90）

2. 腰裆左转，右手领劲随腰裆左转，左虚右实，右臂放松，用身体掤住来力，使对方推按我的劲力随腰裆左转的掤劲而落空，导致对方失去平衡而摔出。（图91）

图90

图91

要领说明：此法是左虚右实掤发劲。要做到节节贯穿，可以用右肩靠击、右肘横打、右胯击打等技法。在对方双手推按我身体时，右臂、身体都要松沉下来，掤劲不丢，身体要保持中正。

用法二　破双手推按左转捌腕法

1. 当对方右手採住我右手，左手掤按我右肘，双手发力推动我身体时，我身体放松，裆劲下沉，身体微含胸引劲，用身体掤接对方的来力。（图92）

2. 腰裆左转，沉裆塌劲，右臂掤住对方按我右臂的左手，同时，我左手向前扣住对方左手腕，随腰裆左转，以身体的掤劲缠捌对方左腕关节。（图93）

要领说明：此法为身体左转的掤捌法。在对方双手推按我身体时，我右臂、身体都要松沉下来，掤劲不丢，身体旋转要保持中正。

图92

图93

用法三　破右採左按右腿前内旋掤缠法

1. 当对方右手採住我右手，左手掤按我右肘，双手发力推动我身体时，我身体放松，裆劲下沉，身体微含胸引劲，用身体掤住对方的来力。（图94）

2. 腰裆左转，右手掤住对方来力向左侧引化；同时，右腿在对方右腿内侧前内缠旋掤劲，使对方身体向我左侧倾斜而倒。（图95）

要领说明：

此法是身体左掤旋时右腿前内旋掤法。它主要是利用身体的自转螺旋，使对方失去平衡，同时，配合右腿的缠丝劲，导致对方失去重心而倾倒。

图94

图95

【动作二】步法不变，腰裆右转；右肘领劲随腰裆右转，手法不变；目视右前方。（图96）

要领说明：身体要放松，头劲上顶，要注意含胸拔背，气沉丹田。

图96

用法一　破右採右腕右手反旋下捌上掤法

1. 当对方右腿在前，右手採住我右手，左手掤按我右肘，双手发力推动我身体时，我身体松沉，裆劲下塌；同时，我微含胸引劲，用身体掤住对方的来力。（图97）

2. 我身体由下向上走螺旋，右手螺旋掤住对方右手指反旋形成捌劲，然后，随腰裆右转，上旋掤发。（图98）。

要领说明：此法是右手螺旋反转掤捌对方右指反关节向上掤发的招数。右手向上掤发时，右臂要放松，做到肩领肘、肘领手，与身体上旋形成协调统一的整劲。

图97

图98

用法二　破右採左按右腿后内旋右掤捩摔

1. 当对方右手採住我右手，左手掤按我右肘，双手发力推动我身体时，我身体放松，裆劲下沉，身体微含胸引劲，用身体掤住对方的来力。（图99）

2. 我腰裆右转，沉裆塌劲，左手反旋向右侧方推按对方右肩，同时，右手领劲向右侧掤劲转换，右腿在对方右腿后侧后内缠，将对方向右后侧捩发。（图100）

要领说明：左手的推按和右手的领劲，以及右腿的螺旋缠丝要整体一气，身体的右转要与手腿协调一致，劲力合一。

图99

图100

【动作三】步法不变，腰裆向右上方螺旋旋转；右手正旋领劲向右前方45° 开手，同时，左手反旋向左下方掤按。（图101）

要领说明：右手开手时不仅要做到右手领劲，同时还要有螺旋的缠丝劲，左手反旋要有松沉的掤按劲，身体要保持中正安舒，沉裆塌劲。

图101

用法一　破右采右腕右手正旋上捌腕法

1. 当对方右腿在前，右手採住我右手，左手掤按我右肘，双手发力推动我身体时，我身体松沉，裆劲下塌，同时，微含胸引劲，用身体掤住对方的来力。（图102）

2. 我身体由上向下走螺旋，右手掤住对方右手指，然后沉劲走下旋捌劲，捌拿对方右指反关节。（图103）

要领说明：身体的螺旋旋转要走上下立体的圆，右手和身体要做到劲力完整合一。

图102

图103

用法二　破右拳左採右掌扑面掌打法

当对方用右拳攻击我面部时，我左手正旋，採住或掤化对方右拳，同时，右腿进步，右掌正旋击打对方面部。（图104）

要领说明：此法要做到左手的掤化或接手，以及右掌的击打和右腿的进步同步，要做到“一化即打”。此法是打法的阴阳，即左收右出，左化右进。

图104

用法三　破右弹腿左按右掌锁喉法

当对方用右弹腿攻击我裆部时，我左手掤按其右脚面，同时右腿进步，右手变掌，顺势掐锁对方咽喉。（图105）

要领说明：左手在掤化对方弹腿时，要有松活的弹性劲，切记不可生接硬按，以免左手受创。右手在攻击时，要做到手与足合，出手要干净利落。

图105

【动作四】腰裆左转；右手松肩沉肘螺旋向左侧身前收肘，同时，左手继续反旋开手合于右手内侧；右腿顺势向右侧开腿成半马步；目视右前方。（图106）

要领说明：右手沉劲收捋时，身体要放松，裆劲要下沉，身体保持中正。右腿在进步时，右臂的沉劲要作用在对方左臂上，就像右手扶住栏杆、右腿迈步过沟坎的感觉。

图106

用法一　破左拳左採右腿后外旋右捋摔法

1. 当对方进左步出左拳攻击我中、上盘时，我腰裆左转，左手正旋採住对方左手，同时，右手反旋，掤住对方左臂外侧，右腿顺势插进对方左腿内侧。（图107）

2. 腰裆继续左转，左手採住对方左手向左侧领劲，右手收肘向左侧收捋；同时，右腿在其左腿内侧，以后外旋转缠掤对方左腿，使其仆摔而倒。（图108）

要领说明：此法是左採右捋配合右腿缠丝的后外旋打法。它必须上下结合，做到周身协调一致。此式可以变化为挒法、肘击、肩靠、胯打、挂摔等三节的打法。

图107

图108

用法二　破左拳左採右捋右腿勾挂挤靠法

1. 当对方进左步出左拳攻击我头部时，我腰裆左转，左手正旋採住对方左手；同时，右腿进步至对方左腿后侧，右手反旋掤住对方左臂外侧，顺势向左侧捋劲。（图109）

2. 若对方腰裆左转，化解我的捋劲挤靠我时，我左手採劲不丢，右手顺势反旋挤靠对方上盘；同时，右脚向回勾挂对方左脚跟，形成上挤下挂的摔法。（图110）

图109

图110

要领说明：右手的挤劲要与右腿的勾挂做到上下协调一致，劲力完整合一。

【动作五】腰裆右转，右手顺势正旋向前塌腕发力按出；步法随右手按劲重心向右侧转换下沉；同时，左手反旋开手向下沉劲採按；目视右前方。（图111）

要领说明：此法是左採右按的打法。左手採劲时，要有向下的沉劲，右手在按击时，不仅要节节贯穿，即手按、肘打、肩靠、膝攻、胯打等；同时，右手还要有粘黏的掤劲，做到不丢不顶，发力要沉着、凶猛。

图111

用法一　破右拳左手反采右掌按击胸部法

当对方进右步出右拳攻击我胸部时，我腰裆微左转，左手反旋，向下掤按化解对方右拳；同时，右腿进步，以右掌向对方胸部按击。（图112）

图112

要领说明：左手的掤按要圆活，右掌在按击时，要与右腿的进步协调一致，沉裆塌劲，出掌要迅速有力，左腿要起到支撑的作用，即力达左脚跟。此式右肘豁打、右肩靠法略。

用法二　破右拳左手反采右手正旋缠捌拿法

1. 当对方进右步出右拳攻击我胸部时，我腰裆左转，左手反旋向下采住对方右腕；同时，右腿进步至对方右腿内侧，右手顺势从对方右臂内侧缠掤。（图113）

图113

2. 我腰裆右转，左手采住对方右手向对方身后左侧领劲，右手正缠锁扣住对方肩井穴；同时，左腿向对方身后左侧进步，以便加大右手螺旋的控制力。（图114）

图114

要领说明：左右手要协调配合，腰裆的旋转以及手法、步法要协调一致。右手在反缠对方右臂时，要做到手指的领劲和螺旋。

用法三　破左拳左采右手上掤按胸法

1. 当对方进左步出左拳攻击我头部时，我腰裆左转，左手正旋采住对方左手，右手反旋掤住对方左臂下方；同时，右腿进步至对方左腿后侧。（图115）

2. 左手沉劲采按住对方左臂，腰裆右转，右手反旋缠掤对方左臂，使其无法运转；同时，右手顺势螺旋向前按击对方胸部。（图116）

要领说明：此打法要求右手要有螺旋的缠丝劲，以便控制对方的左臂。右手在出击时，右臂一定要做到放松，但右手还要有螺旋的钻头劲。

图115

图116

用法四　破右蹬腿左抄进步别腿肩靠法

当对方用右蹬腿攻击我的腹部或裆部时，我左手正旋，向下抄接对方右腿，右腿快速进步至对方左独立腿后侧；同时，以右肩靠击对方胸部，将对方别靠而倒。（图117）

要领说明：右肩在靠击时，不仅要有爆发力，同时还要有螺旋劲。身体要保持中正。此式右掌按击、右肘打法等略。

图117

【动作六】腰裆加大左转；右手随腰裆左转继续螺旋向前，左手不变；同时，步法随右手的螺旋外碾成左偏马步；目视右前方。（图118）

要领说明：此式仅腰裆加大了旋转，右手继续螺旋前碾，这是当对方化解了我的按劲后，我顺势加大螺旋，以外旋碾劲和腰裆右转来延长右臂的长度，提高连续进攻的能力。此式的阴阳变化，包含了右手的正旋和反旋两种打法。

图118

用法一　破右拳左採右按变正旋挪按法

1. 当对方用右拳攻击我胸部时，我腰裆左转，左手反旋，从上向下採住对方左手，同时，右手顺势向前按击对方胸部。（图119）

2. 若对方身体左转，化解我的右掌按劲时，我左手採劲不变，右手随对方左转之势，顺势用右掌按击对方胸口，将对方向左上方挑打而出。（图120）

要领说明：此法是对方化解我的按劲身体右转的正旋打法。要求右手做到粘连黏随，发力时，要力达脚底，劲力要完整合一。

图119

图120

用法二　破右拳左採右按变反旋掤按法

1. 当对方用右拳攻击我胸部时，我腰裆左转，左手反旋，由上向下採住对方左手；同时，右腿进步至对方裆前，右手顺势向前按击对方胸部。（图121）

2. 若对方身体右转，化开我的右掌按劲时，我左手採劲不变，右手随对方右转之势，顺势反旋按击对方胸口。（图122）

要领说明：要求右手做到粘连黏随。发力时，要力达脚底，重心要保持平稳。

图121

图122

第三式
六封四闭

六封四闭，在陈式太极拳中是一个特别重要的招法。此招不仅包含打法和摔法，也可以变化成拿法和反擒拿。在打法中，不仅可以化解敌方的手法，也可以破解敌方各种腿法的攻击。因为太极拳在打法中，是敌变我变，随机而动，它的防守和进攻法则永远都是遵循“而理唯一贯”的准绳。只要我们把最基本的手法学懂，不管是遇到任何手法还是腿法，都可随势而化，这就是人们常说的“无招”的境界。六封四闭的单手收捋之法，不管是内圈还是外圈，在打法和摔法上，都有不可思议的神奇技击效果。此招的技术特点是，防中有攻，攻中有防，攻防兼备。同时，反映了太极拳的虚虚实实、虚实相互转化的阴阳学说。

六封，其实就是暗指要封住对手的手、足、肘、膝、肩、胯六个进攻部位。武术讲究内三合和外三合，此招就是破坏对手的外三合的典型范例。

四闭，在练气中，有这样的一句话：“三元归一，四门紧闭。”四门紧闭，就是要做到在用意行拳之时，嘴不要张开着，要闭住自己的呼吸，眼、耳、鼻、口都闭合着，内向丹田，即所谓的“四门紧闭”，达到意气贯穿的忘我境界。《十三势行功心解》中说，“以心行气，务令沉着，乃能收敛入骨”，这就是“六封四闭”的基本含义。

【动作一】腰裆左转，步法不变，重心偏移左腿；左手在腹前採劲不变，右手向左侧收肘至胸前；目视右前方。（图123）

要领说明：此式是右单云手的收捋法。在实用中，左手看起来没有动作，其实左手是配合右手在做各种应变的採劲，以便更好地达到控制对手的目的。此式的捋法与其他捋势相同，同样有捋、挒、肩靠、胯打等八法和三节变化。

图123

用法一　破左手抓肩左採右捋法

1. 当对方用左手抓住我的右肩时，我腰裆微右转，左手顺势扣住对方左腕，同时，右手反旋缠掤在对方的左臂之上。（图124）

2. 腰裆左转，左手採住对方左手向左侧引劲，同时，右手沉劲收肘向左侧捋劲，使其向我左侧仆倒。（图125）

要领说明：右手一定要做到以肘领手，右手的捋劲要与腰裆左转协调一致。身体要保持中正，同时，右臂还要有松沉的劲。

图124

图125

用法二　破左手抓胸左采右捌法

1. 当对方用左手抓住我的胸部时，我腰裆微右转，用左手采住对方左腕，同时，右手反旋缠掤在对方的左臂之上。（图126）

2. 腰裆左转，左手采住对方左手不动，以身体自转的掤劲螺旋加大左转；同时，右手向左侧沉劲收肘捌打对方左肘反关节。（图127）

要领说明：左手在扣住对方左手时，不必拧转对方左臂，只要身体自转有掤劲即可，对方的左手自然会被我的螺旋劲带动而成为背势；同时，右手一定要做到先收肘，并且还要有松沉的劲，身体要保持中正。

图126

图127

用法三　破左手抓右肩左采右捌法

1. 当对方用左手抓住我的右肩时，我腰裆微右转，用左手扣住对方左手，同时，右手反旋缠掤在对方的左臂之上。（图128）

2. 腰裆左转，左手采住对方左手向左侧旋转拧劲，同时，右手向左前下方走分劲，捌拿对方的右肘反关节。（图129）

要领说明：要做到手随腰转，周身协调一致；右手在走捌劲时，要有松沉的整体劲。

图128

图129

【动作二】腰裆右转，步法不变，重心向右腿偏移；右手正旋向前掤挤，同时，左手指尖微掤右腕处，顺势向前塌腕按击；目视右前方。（图130）

要领说明：此法为右手正旋的掤挤、左手顺势塌腕按击之法，它体现了上挤下按的阴阳法则。要求做到发力完整，力达左脚，周身不可有一处断劲。

图130

用法　破左拳左採右捋变右挤左按法

1. 当对方进左步出左拳攻击我面部时，我腰裆微右转，左手正旋向上採住对方来拳；同时，右腿进步至对方左腿后侧，右手反旋掤住对方左臂向左侧捋劲。（图131）

2. 若对方腰裆左转，左手反旋变挤靠化解我的捋劲时，我迅速右手沉劲掤住对方左臂，同时，右手领劲螺旋挤住对方左臂，左掌顺势松开採劲，向前按击对方胸部。（图132）

要领说明：右手在运用挤法时，要做到松肩沉肘，不仅要掤住对方左臂，还要右手领劲螺旋；左掌在按击时，要沉住裆劲，塌腕发力要借助于身体下沉劲，身体要做到完整一气。

图131

图132

【动作三】腰裆左转，重心左移至左腿；左手正旋採手，螺旋领劲收到左肋旁，同时，右手向左侧收肘捋劲至腹前；目视右前方。（图133）

要领说明：右肘在收肘捋劲时，右手要做到螺旋外碾，即收肘不收手。同时，要松肩沉肘，腰裆转换要圆活，身体要有自转的掤劲，保持中正。

图133

用法一　破左拳左采右掤挒右肩靠法

1. 当对方进左步出左拳攻击我头部时，我腰裆左转，左手正旋，向上掤采住对方左手；同时，右腿进步至对方左腿后侧，右手顺势反旋掤住对方左肘。（图134）

2. 腰裆继续左转，左手采劲不变，右臂放松，右手领劲螺旋，腰裆发力，以右肩靠击对方左臂，挒法中带肩靠之法，将对方挒靠而出。（图135）

要领说明：在靠击时，左手采劲要做到以腰带手；在肩靠的同时，右臂要做到放松，只有右臂放松后，右肩的靠击力才能透到对方的左臂之上；另外，发力在腰，转换要圆活。

图134

图135

用法二　破左拳左采右捋右肘横击头部法

1. 当对方进左步出左拳攻击我头部时，我腰裆左转，左手正旋，向上掤采住对方左手；同时，右腿进步至对方左腿后侧，右手顺势反旋掤住对方左臂向左侧捋劲。（图136）

图136

2. 腰裆左转，左手採住对方左手向左侧领劲，右手顺势放松，但掤劲不丢，右肘反旋横击对方后脑。（图137）

要领说明：右肘在横击时，右手捋劲的掤点，要像转轴一样旋转而掤劲不丢，右肘的发力，要以腰裆左转带动右肘，身体要做到劲力的完整合一。

【动作四】腰裆右转；双手正旋向前走螺旋，掌心向上；步法不变，目视右前方。（图138）

要领说明：双手螺旋上掤时，要手指领劲随腰裆转换，双肘要松沉中带有掤劲，双臂要做到松肩沉肘，裆劲要松沉。

图137

图138

用法一　破双手按劲双手正旋下掤法

1. 当对方用双手向我胸部按击时，我身体含胸引劲，首先掤住对方来力；同时，身体沉裆塌劲，保持身体的中正。（图139）

2. 腰裆右转，将对方的来力向我右侧引化，同时，双手从下正旋向上掤住对方双臂。（图140）

要领说明：此法是化解对方双手推按以及揪抓之法。要求身体中正，根据对方的来力适当采取含胸引化，双臂要做到松肩沉肘，力达脚底。左右手都含有阴阳虚实的变化。双手侧掤法略。

图139

图140

用法二　破双手抓肩双手内旋正缠法

1. 当对方用双手揪抓我双肩时，我的身体要沉裆塌劲，保持身体的中正。（图141）

2. 腰裆右转，双手从对方两臂中间正旋领劲，同时，螺旋向两侧开手，以螺旋劲化解对方的揪抓。（图142）

要领说明：此法双手要有领劲和螺旋。

图141

图142

【动作五】腰裆左转；双手正旋转换掌心朝前，双手螺旋向前按出；同时，左腿内收向左前呈弧线形上步，左脚掌着地成虚步；目视右前方。（图143）

图143

要领说明：左腿的虚步，在实战中是随机而变的，要根据实战需要或进步，或退步，或左插，或右插，或中定。我们在走架时练法是虚步，但在实际中是变化的，要敌变我变，不可墨守成规练死拳，这就是五行步法变化的法则。

用法一　破左拳左採右捋变右採左按前推法

1. 当对方进左步出左拳攻击我上盘时，我腰裆微左转，左手正旋，向上掤採住对方左手腕向左侧引化；同时，右手顺势反旋，向左侧收肘捋劲。（图144）

2. 如果对方腰裆左转化解我的捋劲，右手反採我右手时，我顺势腰裆左转，左手採住对方左手向前挤按，右手领劲向前按击对方胸部；同时，双手向前螺旋发力，左腿向前跟进，将对方推按而出。（图145）

图144

图145

要领说明：要求手随腰转，上下配合协调，要力达脚底，劲力要完整合一。此法要根据对方来力的方向，向前推按、向上螺旋掤发、向下按击等，这就是太极拳的阴阳变化。

用法二　破左拳左採右捋变左虚右实推按法

1. 承接上式打法。我左採右捋变化为双手推按对方胸部。（图146）

2. 若对方身体右转，欲化解我的推按劲时，我左手要放松劲力，腰裆顺势左转，右手螺旋向前碾按发力，使对方失去平衡而向左侧摔倒。（图147）

要领说明：此法充分体现了太极拳的虚实变化。正如王宗岳“太极拳论”所述，“左重则左虚，右沉则右杳”。在交手的瞬间，如果对方重心向左侧偏移，我左手就要放松，但要掤劲不丢，右手螺旋前碾，对方就会向我左侧栽倒。

图146

图147

用法三　破左拳左採右捋变右虚左实推按法

1. 承接上式打法。我左採右捋变化为双手推按对方胸部。（图148）

图148

2. 若对方身体右转，欲化解我的推按劲时，我右手要放松劲力，腰裆顺势左转，左手螺旋向前碾按发力，使对方失去平衡而向我右侧栽倒。（图149）

要领说明：此法与上法正好相反，为右虚左实的推按法。以上虽然都是手法的虚实变化，但都有三节的打法，肘打、肩靠等，由于篇幅所限，在此省略。

图149

第四式
单鞭

单鞭一式，在陈式太极拳中占有重要地位。二路炮捶的前四式与一路拳前四式的重复编插，就足以说明此四式的重要性。在一路拳中，共有七个单鞭，很多人都认为这是一个重复的动作，是起到承上启下的连接作用，其实不然，其每式真正的内涵都是截然不同的！如果大家把七个单鞭都当作是一种用法的运使，那就大错特错了。正如王宗岳所言："差之毫厘，谬以千里。"

单鞭右勾手的实用法：一是破解右拳左採右手的正旋勾脖和反旋勾脖两法，反手勾脖其中包含了前挤、退步收捋、左引摔、右引摔四种劲力的运使。所以，八种劲路的变化只采用了五种练法即可全部包含。二是破解上下两种左捌法右转身的挤靠。所以，为了在走架时能真正体会到单鞭各种劲力的具体用法，拳架中反复运用了七次重复动作，来阐明单鞭不同劲路的具体用法。

【动作一】腰裆右转；右手向右后方引劲，左手向前反旋碾手；步法不变，目视右前方。（图150）

要领说明：在这里的右引左碾，虽然是一个虚实的引摔手法，但其真正的意义是左勾手单鞭的训练，这里虽然只是手法的转换，其实是练习左勾手单鞭式，望练者细细揣摩。

图150

用法一　破左拳右引左掌穿喉法

当对方进左步出左拳攻击我胸部时，我腰裆右转，右手反旋缠掤住对方左臂，含胸向右后方引劲；同时，左手变仰掌，顺势向前插击对方咽喉。（图151）

要领说明：此法是右引左掌插咽喉之法。整个动作要协调一致，劲力要完整合一。

图151

用法二　破双手揪抓右引左手掤缠勾脖法

1. 当对方用双手揪抓住我的双肩时，我双手从两侧掤住对方双臂。（图152）

2. 我腰裆右转，右手在对方左臂上反缠向回引劲，同时，左手顺势向前勾住对方脖颈。（图153）

要领说明：此动作是在双方纠缠或运用摔法时的左手勾脖法。双臂要做到松肩沉肘，腰裆转换要圆活。

图152

图153

【动作二】腰裆左转；左手向左侧反旋碾劲，右手变拳，随腰裆左转向前方螺旋击出，拳眼朝上；目视右拳。（图154）

图154

要领说明：此法为左引右拳出击法。腰裆转换要圆活，劲力要完整合一；发力要沉稳，击打的部位在对方心口处或面部。此动作与上式为阴阳的变化。

用法一　破右拳左引右拳击胸法

当对方进右腿出右拳攻击我中路时，我腰裆微左转，左手反旋，从对方右拳上方掤接向左后方向引化；同时，右腿进步至对方裆前，右手变拳直击对方心口。（图155）

图155

要领说明：左手的左引以及右拳的出击和右腿的进步要做到协调一致。发力时，要沉裆塌劲，力达脚底，劲力要完整合一。

用法二　破右弹腿左引右肘挑击下颏法

当对方出右弹腿攻击我腹部时，我腰裆微左转，左手反旋向左侧掤化对方右腿；同时，右腿进步至对方裆前，右手屈臂变肘，挑击对方咽喉。（图156）

图156

要领说明：左手在掤化对方右腿时，要做到顺遂，不可以生接硬碰，要以腰带肘，右肘击打要走螺旋。

【动作三】腰裆右转，步法不变；右拳反旋向上变勾手，左手采手不变；目视右手。（图157）

要领说明：右手勾手要手随腰转，同时，要做到松肩沉肘。

图157

用法一　破右拳左采右击腹变反旋摆拳击打太阳穴

1. 当对方进右步出右拳被我左手化解时，我进右步到对方裆前，顺势用右拳攻击对方的心口。（图158）

2. 若对方左手从上向下拨开我攻击的右拳时，我左手採劲不变，腰裆向右旋转，右手顺势反旋，以右摆拳横击对方的左侧太阳穴。（图159）

要领说明：右拳在攻击对方的腹部到转换右摆拳，正好是一个反旋圈，腰裆转换要圆活，周身要协调一致。

图158

图159

用法二　破右拳左採右手反勾脖左引摔法

1. 当对方进右步出右拳攻击我面部时，我左手正旋，向上採住对方右腕；同时，右腿进步至对方裆前，右手顺势变勾手反旋，从对方左肩上穿入，勾住对方脖颈。（图160）

2. 如果对方腰裆左转，想化解我的右手勾脖时，我左手採住对方右手不变，腰裆顺势左转，右手指向左侧领劲，右前臂螺旋掤住其脖颈，使其向右侧失去平衡而摔出。（图161）

要领说明：此法是左採右勾脖的左螺旋引劲摔法。它与以下前挤靠、沉裆下捋以及右引摔正好形成四象之打法。此法主要做到手领肘、肘领肩；另外腰裆转换要松圆。

图160

图161

用法三　破右拳左採右手反勾脖右引摔法

1. 当对方进右步出右拳攻击我面部时，我左手正旋，向上採住右手腕；同时，右腿进步至对方裆前，右手顺势变勾手，反旋向上从对方左肩穿入，勾住对方脖颈。（图162）

图162

2. 如果对方腰裆右转，想化解我的右手勾脖时，我左手採住对方右手向右前掤旋，腰裆顺势右转，右手勾脖不变，以肘领手，向右侧领劲旋转，使对方被我右手的螺旋劲牵动而向我右侧翻倒。（图163）

图163

要领说明：此法与上法是左右的阴阳变化。右手向右螺旋领劲时，要做到肩领肘、肘领手，身体要做到中正；同时，左手也要有向右侧掤旋的劲，以便加大右转的螺旋力。

用法四　破右拳左採右手反勾脖右肘前靠法

1. 当对方进右步出右拳攻击我面部时，我左手正旋，向上採住对方右手腕，同时，右腿进步至对方裆前，右手顺势变勾手，反旋向上从对方左肩穿入，勾住对方脖颈。（图164）

2. 若对方身体向其后侧退步，脖颈也向后方上挺，以此反抗我的勾脖时，我左手採劲不变，裆劲下塌，右肘顺势向前靠击对方胸部。（图165）

要领说明：此肘的靠击，正如王宗岳“太极拳论”“退之则愈促”之意。对方身体欲后退，我便加点力，使其退力更速，以致无法把握平衡而摔倒。

图164

图165

用法五　破右拳左採右手反夹脖踢摔法

1. 当对方进右步出右拳攻击我头部时，我腰裆左转，左手正旋，向上採住对方右腕，右腿进步至对方裆前；同时，右手正旋向上领劲，用右臂反夹住对方脖颈。（图166）

2. 腰裆右转，左手採住对方右手向右前方推掤，右臂反夹对方脖颈向右侧翻转；同时，右腿扫踢对方左脚踝，使其向我右侧翻倒。（图167）

要领说明：单鞭的勾手是梢节的勾手法，而夹脖则属中、根节的缠法。要领就是肩领肘、肘领手，做到节节贯穿。身体右转时，要做到上下协调一致。

图166

图167

用法六　破左拳左採右击头部变右手上挤靠法

1. 当对方进左步出左拳攻击我胸部时，我腰裆左转，左手正旋採住对方的左腕；同时，右腿进步至对方左腿后侧，右手掤捩对方左肘反关节。（图168）

图168

2. 如果对方腰裆左转，欲化解我的挒劲时，我腰裆右转，右手顺势领劲向前反旋挤靠，将对方挤靠而出。（图169）

要领说明：此法是化解对方上盘的挒劲法。要有手领肘、肘领肩的钻头劲，腰裆转换要圆活。

图169

用法七　破左拳左採右上挒肘变右手下挤靠法

1. 当对方进左步出左拳攻击我头部时，我腰裆左转，左手正旋，向上掤採住对方的左腕；同时，右腿进步，右手从对方左臂下穿进，以下挒劲缠拿对方左臂肘关节。（图170）

2. 如果对方腰裆右转，右手正旋採住我的右腕向右侧引化，以身体挒打我右肘反关节时。（图171）

图170

图171

3. 我右臂放松，腰裆右转，右拳顺势领劲反旋，以右前臂或肘部向前上方挤靠对方肋部，使其仰跌而出。（图172）

图172

要领说明：此法的挤靠与上法是上盘和中盘的化挒劲的挤靠打法。右拳不仅要有领劲，还要走螺旋，发力时要做到沉裆塌劲。

【动作四】腰裆左转；右手勾手不变，左掌螺旋旋转收放在腹前；同时，左虚腿微回收，再向左侧螺旋擦脚开腿成左弓步。（图173）

图173

要领说明：左腿在开步之时，中心要转换到右腿上，右勾手要做到松肩沉肘，身体要做到螺旋沉劲，头劲要上顶，左擦脚要轻灵、沉稳，就像风吹草叶一样。

用法一　破右拳左採右手反旋勾脖下捋摔

1. 当对方进右步出右拳攻击我面部时，我腰裆左转，左手正旋，向上採住对方右手腕；同时，右腿进步至对方裆前，右手顺势反旋勾住对方脖颈。（图174）

图174

2. 左腿向后方擦脚退步，同时，左手採住对方右腕向左后方採引，右勾手採住对方脖颈向下方螺旋收肘捋劲，使对方前仆抢地而倒。（图175）

要领说明：此法是单鞭右勾脖下捋反旋摔法。要求右臂松肩沉肘，裆劲下塌，右手的捋劲要和左腿的退步擦脚协调一致。

图175

用法二　破右拳左採右手正旋勾脖下捋法

1. 当对方进右步出右拳攻击我面部时，我腰裆左转，左手正旋，向上採住对方右手腕；同时，右腿进步至对方裆前，右手顺势正旋勾住对方脖颈。（图176）

2. 左腿向后方擦脚退步，左手採住对方右腕向右前方推掤，右勾手採住对方脖颈向右下方螺旋收肘捋劲，同时，腰裆右转，使对方向我右侧前仆抢地而倒。（图177）

要领说明：此法是单鞭右勾脖下捋正旋摔法。要求右臂松肩沉肘，裆劲下塌，右手的捋劲要和左腿的退步擦脚协调一致。

图176

图177

【动作五】腰裆右转，步法不动，重心转换到右腿；右勾手不变，左手在腹前随身体右转，同时，掌心内旋向下领劲走螺旋；目视左前方。（图178）

图178

要领说明：此动作在原二路拳中没有，我根据身体的掤劲，在这里添加了一个身体右旋的挒劲掤法。此法是以身体自转的掤挒为主，要求做到身体中正旋转。

用法一　破右拳右採身体右旋掤挒法

1. 当对方进右步出右拳攻击我中路时，我腰裆左转，左腿向左前进步；同时，右手正旋掤採住对方右手腕。（图179）

2. 腰裆右转，右手採住对方右腕向右侧螺旋引劲；同时，以胸部掤缠住对方右肘反关节处，随腰裆右转，突然发力，对方右臂必然折断。（图180）

要领说明：这是身体的螺旋挒法，要求身体中正，头劲上顶，做到腰胯发力，腰裆转换要松活。

图179

图180

用法二　破右拳右采左肩靠摔法

图181

当对方进右步出右拳攻击我头部时，我腰裆左转，左腿进步至对方右腿后侧，右手正旋掤采住对方右手腕，同时，左手反旋掤住对方左肘；腰裆右转，右手採住对方右手向右侧领劲，左手松掤对方右肘，随腰裆右转和右手的领劲，以左肩靠击对方右上臂或右腋下肋部。（图181）

要领说明：左肩在靠击时，左手一定要做到放松。如果左肩靠击对方的右上臂，右手领劲要有正旋的缠丝劲。

用法三　破右拳右采左肘横击肋法

当对方进右步出右拳攻击我头部时，我腰裆右转，右手正旋掤採住对方右手腕，左腿进步至对方右腿后侧；同时，左手反旋掤住对方右肘，腰裆左转，右手採住对方右手向右侧领劲，左手松掤对方右肘，随腰裆左转以左肘横击对方右肋部。（图182）

要领说明：左肘横击对方右肋时，左手掤缠对方的右肘要有上旋的外碾劲，使对方的右臂闪开露出右肋，便于肘法的攻击。

图182

【动作六】腰裆继续左转；右勾手不变，右臂松肩沉肘，左手向左侧方向正旋开手，掌心朝左前方；同时，重心左移，步法成左偏马步；目视左前方。（图183）

图183

要领说明：要求松肩沉肘，沉裆塌劲，左手正旋开手要做到手领肘、肘领肩。

用法一　破右拳右采左捋变左正旋上挤靠法

1. 当对方进右步出右拳攻击我面部时，我腰裆右转，右手正旋采住其右腕；同时，左腿进步至对方右腿后侧，左前臂掤住对方右肘，顺势向右侧收肘捋劲。（图184）

2. 如果对方腰裆右转化解我的捋势，我顺势腰裆左转，右手采劲不变，左臂放松，左手领劲正旋，从对方右臂上螺旋向左前方挤靠。（图185）

要领说明：手领劲螺旋前挤时，左臂的掤劲不丢，同时，双臂要做到松肩沉肘。

图184

图185

用法二　破右拳右采左手穿裆下靠法

1. 当对方进右步出右拳攻击我面部时，我腰裆右转，右手正旋，採住其右腕向右侧引劲；同时，左腿进步至对方右腿后侧，以肩、颈部掤挒对方右肘反关节处。（图186）

2. 腰裆左转，右手採劲不变，左手领劲直接插入对方两腿之间，左手掤住对方右腿弯；同时，身体向左后方旋转挤靠，使对方失去平衡而向后方翻倒。（图187）

要领说明：此法是右採左挤靠的下路摔法。要求周身协调一致，劲力合一。

图186

图187

用法三　破右拳右採左腿挂踢摔法

1. 当对方进右步出右拳攻击我面部时，我腰裆右转，右手正旋，採住其右腕向右侧引劲；同时，左腿进步至对方右腿后侧，左手顺势穿入对方右臂下，运用身体的掤劲挒打对方右肘反关节。（图188）

图188

2. 若对方身体右转化解我的挒劲时，我腰裆微左转，右手採住对方右腕，继续向右后方引劲，左手领劲向左侧开手，缠挤对方上体，同时，左脚挂踢对方的右脚跟，使其翻倒。（图189）

要领说明：此法属于上掤下扫的打法。要求做到上下协调一致。左腿扫踢时，身体要保持平衡。

图189

【动作七】腰裆微右转，步法不变；双臂微正旋沉肘，左手掌心朝左前方，右手勾手不变；裆劲下沉，成左偏马步；目视左前方。（图190）

要领说明：此法是一个回裆的沉劲，此动作是右手採劲，左手缠掤的挒法。太极拳的每一个动作，即使很小的一个手法，都包含了极强的实用性，望习练者不可走马观花，只注重外表的形体。

图190

用法一　破右拳右采左挤变外缠捌腰摔法

1. 当对方进右步出右拳攻击我面部时，我腰裆右转，右手正旋，採住其右腕向右侧引劲；同时，左腿进步至对方右腿后侧，左手顺势穿入对方腋下，运用上旋的挤法，破坏对方的下盘稳定，将对方向左上方挪发。（图191）

2. 如果对方受到我的挤劲而腰裆右转，欲化解此挤靠时，我顺势腰裆微右转，右手採劲不变，左手领劲外旋沉碾，将对方身体缠捌成背弓型而后倒摔出。（图192）

要领说明：左手要做到领劲，右手採住对方右手，身体要做到有缠捌对方右肘的劲；左手的缠丝要控制到对方的腰脊成反弓型时而沉裆发力，双臂要做到松肩沉肘。

图191

图192

用法二　破右拳右採左挤变外缠捌颈摔法

1. 当对方进右步出右拳攻击我面部时，我腰裆右转，右手正旋，採住其右腕向右侧引劲；同时，左腿进步至对方右腿后侧，左手顺势反旋，掤住对方右臂向右侧捋劲；如果对方腰裆右转，欲化解我的捋劲时，我顺势腰裆左转，右手採劲不变，左手领劲正旋变挤靠。（图193）

2. 假设对方继续腰裆右转，化解我的挤劲时，我顺势腰裆微右转，右手採劲不变，左手领劲缠捌对方颈部；同时，沉裆外碾，将对方身体缠捌成背弓型而后倒摔出。（图194）

要领说明：此法是左手上旋的缠捌咽喉法。此法在捌摔时，配合左腿的前内旋缠丝劲，可以收到事半功倍的成效。

图193

图194

第五式
搬拦捶

搬拦捶，其含义就比如搬动一个大的物体去拦截、阻挡对方的拳法一样。说明此式要做到意气贯穿，腰裆转换要圆活，劲力要完整合一。

【动作一】腰裆左转，裆劲下塌；同时，左手反旋向左侧挤劲，右手勾手不变；目视左前方。（图195）

图195

要领说明：此式是接单鞭的承上启下动作。它的实用方法主要是破解我单鞭左手的螺旋挤靠，同时采我左手运用挒法和挤靠法；我顺势左转化解对方的挒势，运用左臂挤靠的动作。

用法　化挒劲左手反旋挤靠法

1. 承接单鞭打法。当对方受到我单鞭左臂的螺旋挤靠劲后，腰裆左转，左手反采住我的左手，运用身体螺旋和右臂挒打我左肘反关节。（图196）

图196

2. 我腰裆左转，右手採住对方右腕不变，左手反旋，沉裆塌劲，化解左臂的挒劲；同时，左肘顺势下旋挤靠对方身体。（图197）

图197

要领说明：左手随腰裆左转挤靠时，要注意左臂放松；身体要做到与挤靠劲完整合一。双手掤化要有螺旋和粘黏劲，要松肩沉肘，沉裆塌劲，双手掤发要力透脚底。

【动作二】腰裆右转；左手沉劲向右后侧方收肘引劲，左手不变；目视左前方不变。（图198）

图198

要领说明：此动作是对方腰裆右转，化解我的下旋挤劲而后变右手上旋挤靠时，我顺势腰裆右转，右手採劲不变，左手顺势下旋右捋的动作。腰裆要松活，身体要做到中正。

用法一　双手反旋引劲左肩靠法

1. 承接上式单鞭打法。我腰裆左转，运用下旋挤劲靠击对方身体时，对方顺势腰裆右转，运用右臂上旋挤靠我的左胸部。（图199）

图199

2. 我腰裆右转，右手採劲不变，左手顺势领劲左旋，掤住对方右臂收肘捋劲，同时，运用左肩靠击对方身体。（图200）

要领说明：此法是化解对方挤劲时，我腰裆右转引劲的左肩靠法。要求右引劲和左肩的靠击要协调，腰裆转换要圆活，身体要中正。

图200

用法二　右採左捋身体挒肘法

1. 承接上式单鞭打法。对方腰裆右转，化解我的下旋挤劲的同时，右手顺势上旋挤靠我的左侧肋部。（图201）

2. 我顺势腰裆右转，右手採劲不变，左手顺势下旋收肘掤住对方右臂内侧，同时，用身体自转的掤劲挒打对方右肘反关节。（图202）

要领说明：此法是化解挤劲右转的身体挒法。在左手收肘时，要沉肘掤住对方的右臂内侧，控制其右臂无法转换。在腰裆右转时，要用身体自转的掤劲缠挒对方右肘反关节，发力要沉稳。

图201

图202

【动作三】

腰裆左转；左手随腰裆左转向左侧正旋发力，拳心朝上，攻击对方面部，同时，右拳反旋，拳心朝下，攻击对方腹部；目视左拳。（图203）

要领说明：双拳向左侧击打时，要做到随身体左转自然摆击，在击打时，腰裆转换要松活，双臂不可僵硬。

图203

用法　化挤靠右引左转双拳摆击法

1. 承接上式打法。当对方化解我的捋劲，左手反採我左手挤靠我时，我右手採住对方的右手腕不变，腰裆右转，顺势以身体的掤劲化解对方的挤靠。（图204）

2. 如果对方感觉被我引进落空，身体右转化解我的引劲时，我顺势腰裆左转，左手领劲变拳反旋，向上攻击对方的面部，同时，右手松开採劲变拳，随腰裆左转攻击对方腹部。（图205）

要领说明：此法为右转化解对方挤靠劲的左转身双拳攻击法。要求拳随身转，腰裆要松活，拳走螺旋，发力要沉猛、浑厚。

图204

图205

第六式
猿猴献果

此式主要是训练在收捋后，对方欲回身后撤的借力打力之法。此式要有松活弹抖的劲，其劲力就像一条橡皮筋似的，拉紧后，迅速松开反弹而回，充分体现了"退之愈促"的技击特点。

【动作一】腰裆微右转；左肘向右侧螺旋领劲，同时，右拳拳心朝下，沉劲向右下方採引；目视左前方。（图206）

要领说明：双手向右捋或挒劲，都要做到松肩沉肘，腰裆转换要松活，身体要保持中正，头劲上顶。

图206

用法一　破右拳右採左捋右引化劲法

当对方进右步出右拳攻击我中下盘时，我右手反旋採住对方右腕；同时，左腿进步至对方右腿后侧，左前臂顺势反旋，掤住对方左臂向右下方捋劲。（图207）

图207

要领说明：此法是化解攻击我中下路的下捋法。右手採住的对方右腕要向右下方缠拧，左手顺势收肘捋劲，要做到头劲上顶，裆劲下塌。

用法二　破右拳右採左沉肘下捌法

当对方进右步出右拳攻击我中下盘时，我右手正旋，採住对方右腕向右下方缠拧；同时，左腿进步至对方右腿后侧，左前臂顺势反旋，掤住对方左臂肘关节，左手领劲捌打对方右肘反关节。（图208）

图208

要领说明：左手运用捌法时，要做到周身劲力的完整，腰裆转换要圆活。

【动作二】腰裆微左转；左手变拳，螺旋向左上方掤发击打，右手在腹前随腰裆左转微内旋；同时，左前脚向后勾挂回带；目视左前方。（图209）

图209

要领说明：此法在向左前掤发击打时，要有松活弹抖的劲，其劲力就像一条橡皮筋似的，拉紧后迅速松开反弹而回的样子。左脚的回挂要与手法的掤发协调一致，外三合一定要合住劲。

用法一　破右拳右採左挤左挂腿前掤法

1. 当对方进右步出右拳攻击我中下盘时，我右手反旋採住对方右腕；同时，左腿进步至对方右腿后侧，左前臂顺势反旋，掤住对方左臂向右下方捋劲或捌劲。（图210）

图210

2. 如果对方抽手反身后撤，我右手採劲不变，左脚向后勾挂对方右脚后跟，使其失去平衡；同时，左手领劲，用左臂掤挤住对方右臂向左前方掤发。（图211）

要领说明：此法是右捋转化为掤挤的招法。对方如果急速后撤，我顺势变挤向左前方掤发。此法体现了太极拳的借力打力。此法左拳也可击打对方咽喉或面部。

图211

用法二　破右拳右採左挤左挂腿左肘击打肋部法

1. 当对方进右步出右拳攻击我中下盘时，我右手反旋採住对方右腕；同时，左腿进步至对方右腿后侧，左前臂顺势反旋，掤住对方左臂向右下方挒劲。（图212）

2. 如果对方抽手反身后撤，我右手採劲不变，左脚向后勾挂对方右脚后跟，使其失去平衡；同时，左臂屈肘向左前方撞击对方右肋部。（图213）

要领说明：此法是此招中节的打法。在左臂变肘前击时，左前臂要放松，做到节节贯穿，同时，还要有螺旋缠丝劲。

图212

图213

第七式
护心拳

护心拳，顾名思义，就是保护防守中路的反击招法。此式的护心拳共有四个动作，前两动为左右的捋法，而后两动则是由捋法变化为左右手的挒法。此式主要是化解中路拳脚后的反击方法。此法中，同时包含了腿法的左右缠丝，望大家注意此式劲法的运使。

【动作一】腰裆右转；右拳随裆劲右转向右后侧方採手引劲；同时，左脚回收至右脚侧；左拳随收脚向右侧收肘捋劲；目视左前方。（图214）

图214

要领说明：此式是右採左捋之法。裆劲要下塌，身体要中正。左捋时，要做到肩领肘、肘领手。

用法一　破左拳右採左拳击打肺腹法

当对方进左步出左拳攻击我胸部时，我腰裆右转，右手反旋，掤接对方来拳向右侧引化；同时，左手变拳，螺旋向左前上方击打对方肺部。（图215）

图215

要领说明：左右拳不仅要做到顺遂，还要有阴阳虚实的转换，即右拳在右引化劲的同时，左拳顺势出击，这就是所谓“化即是打，打即是化”之意。正如王宗岳所论：“忽隐忽现”。其实，太极拳的每招每式，都有虚实、三节的变化。此招不仅可以用手法攻击，也可以用肘法、肩靠等，具体用法略。

用法二　破左蹬腿右捋左拳击打咽喉法

当对方用左蹬腿攻击我腹部时，我右手变勾手，从内侧向右外侧引化；同时，左腿进步至对方裆前，左手变拳，顺势攻击对方咽喉。（图216）

图216

要领说明：此法是化解腿法攻击中路的反击法。其原理与手法相同，但破解腿法的攻击，要做到手法的轻灵听劲，避免生接硬架。

【动作二】腰裆左转；左手正旋，由拳变掌向左侧採引，同时，右拳反旋，向左侧收肘捋劲；步法不变，目视右前方。（图217）

图217

要领说明：此式是对方化解我的捋劲，用左手採我左手，我也立即反採对方左手，同时，运用右手捋法。左手在反採对方左手时，要做到圆活粘黏，腰随手转，其实战功效与上法相反。这其实就是左、右手捋法的阴和阳的交替运用。

用法一 破右拳右採左捋变左手反採右捋法

1. 对方进右步出右拳攻击我面部时，我腰裆右转，右手正旋，向上掤採住对方右腕，同时，左腿进步至对方右腿后侧，左手顺势反旋，以左前臂掤住对方右臂，向右侧收肘捋劲。（图218）

图218

2. 若对方腰裆右转，左手採住我左手运用挤劲反击我时，我腰裆左转，左手顺势反採对方左腕向左侧引化，同时，右手反旋，掤住对方左臂向左侧捋摔。（图219）

图219

要领说明：这是一个反採手的捋法。同其他捋法的劲力相同，只是在左手反採时，要做到手法圆活，粘黏劲不丢。

用法二　破右拳左掤化右拳击打心口法

当对方进右步出右拳攻击我胸部时，我腰裆左转，左手反旋，掤接对方来拳向左外侧引化，同时，右拳螺旋向右上方击打对方心口。（图220）

要领说明：左手的引化要与右拳的击打形成对拉力。发力要随腰裆转换，力达脚底。

图220

用法三　破右鞭腿左掤化右拳击打面部

当对方以右中路鞭腿攻击我左侧肋部时，我腰裆左转，左臂放松下垂，左手领劲自转螺旋，随身体左转掤化对方的中鞭腿；同时，右腿进步至对方身前，右拳螺旋向上勾打对方面部或下颏。（图221）

图221

要领说明：

此法是化解右鞭腿的右上勾拳打法。要求做到一化即打，这就是太极拳论所提的“化即是打，打即是化”。此法可以根据距离的远近而采取肘打、肩靠和胯打等三节的打法。

【动作三】腰裆右转；右拳变掌，正旋採手握拳向右后侧领劲，同时，左手反旋领劲向右前挒打；步法不变，目视右前方。（图222）

图222

要领说明：此法是我运用左採右捋时，对方右手反採我右手，化解我的捋劲之后，变化为我右採左挒之法。挒劲时，身体要松沉，左手领劲，发力在腰际。

用法一 破左拳左採右捋变右手反採左上捌法

1. 当对方进左步出左拳攻击我胸部，我左手採住对方左腕，右手反旋，掤住对方左臂向左侧捋劲的情况下，对方出右手採住我的右手，欲化解我的捋势。（图223）

图223

2. 我腰裆右转，右手正旋，反採住对方右腕向右侧引劲，同时，左手向前捌打对方右臂肘关节。（图224）

图224

要领说明：此法是左採右捋变右手反採左捌之法。这是一个由捋变捌的手法练习。要求身法轻灵，腰裆转换要圆活，手法做到粘连黏随。

用法二 破右拳右採右引左拳下捌打法

当对方进右步出右拳攻击我面部时，我右手正旋，掤採住对方右拳，顺势向右下方引劲；同时，腰裆右转，左拳快速从对方右臂下向上捌打对方右肘反关节。（图225）

图225

要领说明：右手向右下方採引时，要注意右臂的松沉；左手捌打对方右肘关节时，左拳要有领劲和螺旋，发力在腰。

【动作四】腰裆左转；左手正旋採手向左侧后方引劲，同时，右手反旋，随腰裆左转向左前挒打；步法不变，目视左前方。（图226）

要领说明：此法是对方化解我的左挒，用左手反採我左手化解挒劲时，我变化为左採右挒之法。此法要求转换要圆活，以腰发力，身体劲力要整。

图226

用法　破右拳右採左挒变左手反採右挒法

1. 当对方进右步出右拳攻击我胸部，我以右手採住对方右腕，左手反旋，以左前臂掤住对方右臂向右侧捋劲情况下，对方出左手採住我的左手，欲化解我的捋势。（图227）

图227

2. 我腰裆左转，左手正旋，反採住对方左腕向左侧引劲，同时，右手向前挒打对方左臂肘关节。（图228）

要领说明：此式与上式左挒之法相同，只是方向和手法相反。这是护心拳左右阴阳的变化练法。

图228

第八式
连环炮

此招是在上式捌劲的基础上，继续演化为右掤左崩拳和左手变反採右掌切喉挂摔的打法。此式要求做到手法的粘连黏随，环环相扣，缠绵不断，节节贯穿，充分体现太极拳所特有的粘黏打法。

【动作一】腰裆右转；右手反旋，拳心朝下收至腹前，同时，左手变拳，向正前方螺旋崩砸，拳心朝后，高与眼齐；步法为马步，目视左拳。（图229）

图229

要领说明：右手的反旋下碾要有缠丝劲，要做到含胸拔背，松肩沉肘，以腰发力。

用法 左采右捌变右掤左崩拳击打面部法

1. 承接上式打法。我左手採住对方左腕，右手挒打对方左臂，对方腰裆左转化解我的挒劲，欲运用挤劲反击我中盘。（图230）

2. 我腰裆右转，右手螺旋向下掤碾对方左臂，左手放开对方左手的採劲，随腰裆左转变拳，顺势向对方面部崩拳砸击。（图231）

要领说明：右手在螺旋化解对方的挤劲时，要有松沉的掤劲；左拳崩砸要有爆发力，做到劲力的完整合一，动作协调一致。

图230

图231

【动作二】腰裆左转；左手变採手，螺旋向下回收至左肋旁，右拳变横掌向外切出，高与肩平；同时，右脚向左脚边擦地回挂；目视右掌。（图232）

要领说明：此法是左崩拳被掤化后变採手左引，同时右掌切打咽喉之法。动作要缠绵不断，一气呵成；右脚回挂要做到脚底紧擦地面，不可过高，手脚要协调一致。

图232

用法　左崩拳左手反採左引右掌切喉挂摔法

1. 接上动。我以右手向下掤化对方左手，左手崩拳砸击对方面部，对方用右手掤架时。（图233）

2. 我腰裆左转，左手反缠，採住对方右手向左侧引劲，同时，右手变掌横切对方咽喉，右脚顺势勾挂对方左脚跟回带，使其失去平衡而摔倒。（图234）

要领说明：左手反採要做到松活圆转，右掌的切击要与右脚回挂协调一致。

图233

图234

第九式
搂膝拗步

搂膝拗步的勾手，是运用在中盘或下盘的破拳、破腿和反擒拿之法。勾手在旋转时，能加大手法螺旋和领劲的效果。在太极拳中，步法有顺步和拗步之分。搂膝拗步命名，完全概括阐明了此动作的步法和手法的运用。

【动作一】腰裆右转；右手变採手反旋，从腹前回收向右侧开手，左手反旋收捋至胸前；同时，左脚向左前擦脚开步；目视左前方。（图235）

要领说明：右手的採劲要松肩沉肘，不可僵硬呆板；左手收肘时，要随腰裆的右转自然收肘；裆劲要下塌，左腿的开步，腿法要有缠丝劲。

图235

用法　破双手抓肩右引左捋后外旋捌摔法

1. 当对方伸双手抓住我肩部时，我腰裆微左转，右手扣住对方右手，同时左手反旋，从外侧掤住对方右臂肘关节处。（图236）

图236

2. 腰裆右转，右手扣住对方右手外旋拧旋，左手向右侧收捋，螺旋捌打对方右臂肘关节；同时，左腿在对方右腿内侧后外旋转，破坏其下盘的平衡。（图237）

要领说明：身体右转时，要微微含胸引劲，同时，身体要有掤劲；左腿的后外旋转，要与右引左捌协调一致。

图237

【动作二】腰裆左转；左手变勾手反旋，在左膝前外碾，勾尖朝上，同时，右手收手至胸前；左脚前外旋，沉裆塌劲，步法不变；目视左前方向不变。（图238）

要领说明：腰裆转换要圆活，手法的收手要随腰裆转换做到自然协调。

图238

用法一　破左手抓右肩右反缠捌左勾脖拿法

1. 当对方左腿在前，用左手抓住我右肩时，我右手从对方左臂上反旋，向外缠捌住对方左臂；同时，右腿进步至对方裆前，左手顺势向前勾住对方脖颈。（图239）

图239

2. 腰裆左转，右手领劲向右前方加大螺旋，左勾手向左下方按压对方头部；同时，右腿在对方左腿后侧外旋转缠掤，将对方顺势按拿在地。（图240）

要领说明：动作要缠绵不断，一气呵成，劲力要做到完整合一；右臂要有收捋的松沉劲和外碾劲。

图240

用法二　破左手抓右肩右手正缠捌左臂压喉法

1. 当对方左腿在前，用左手抓住我右肩时，我腰裆左转，右手正旋，从对方左臂下从内向外穿入缠捌其左臂。（图241）

图241

2. 腰裆右转，右腿进步至对方左腿后侧，同时，左臂屈肘，以左前臂锁压对方咽喉。（图242）

要领说明：右手正旋缠拿对方左臂时，要做到右手领劲；左臂压喉要随腰裆右转，要有自转滚动的螺旋劲。

图242

用法三　破左手抓右肩右手反缠拿左肘击胸法

1. 当对方左腿在前，用左手抓住我右肩时，我腰裆左转，右手正旋，从对方左臂下从内向外穿入缠捌其左臂。（图243）

2. 腰裆右转，右腿进步至对方左腿后侧，同时，左臂屈肘，以左肘撞击对方胸部。（图244）

图243

图244

用法四　破右手抓左肩左手反缠捌右臂锁喉法

1. 当对方左腿在前，用左手抓住我右肩时，我腰裆右转，左手从对方左臂外侧向里反缠锁拿对方左臂；同时，右腿进步至对方身后。（图245）

图245

2. 腰裆左转，左手缠法不变，右手顺势从对方身后锁住对方咽喉。（图246）

要领说明：左手反旋要随腰裆左转，身体的劲力要完整，动作要缠绵不断。

【动作三】腰裆右转；右手领劲向右前下方反旋开手，左勾手反旋向左前旋转上掤；同时，左脚后外旋转；目视左前方。（图247）

要领说明：腰裆转换要圆活，手法的运转要做到松沉、圆活、缠绵不断；遇敌接手时，要做到粘连黏随。

图246

图247

用法一　破右拳左手反缠右手抹脖扫踢摔法

1. 当对方进右步出右拳攻击我腹部时，我腰裆左转，左手反旋，掤住对方右臂向左下方掤挤。（图248）

2. 腰裆右转，左手反旋缠住对方右臂，同时，右手顺势正旋，向上抹住对方脖颈向右后方引劲，使其向前仆倒。（图249）

要领说明：左手的反缠和右手的抹脖要做到协调一致、一气呵成；腰裆转换要灵活，不可僵滞。

图248

图249

用法二　破右拳左手反缠搂腰右手锁喉法

1. 当对方进右步出右拳攻击我腹部时，我腰裆左转，左手反旋，掤住对方右臂向左下方掤挤；同时，左腿进步至对方右腿后侧。（图250）

2. 腰裆右转，左手反旋，沉劲化开其右臂，向后缠搂对方后腰；同时，左腿缠掤住对方右腿，右手顺势向前锁住对方咽喉。（图251）

要领说明：此法不仅是一招擒拿法，也是一招锁喉摔法。具体的运用要根据实战的需要而随机应变。

图250

图251

用法三　破右鞭腿左手反缠右手抹脖摔法

1. 当对方用右鞭腿攻击我左肋时，我腰裆左转，左手从其腿内侧反旋，向上缠锁对方右腿，同时，右手顺势向前抹住对方后脖颈。（图252）

2. 腰裆右转，左手缠锁其右腿不变；同时，右手向右侧抹脖采捋，右腿趁势扫踢对方左独立腿。（图253）

要领说明：这是破解右腿抹脖踢摔法。腰裆转换要灵活，劲力要完整，周身要做到协调一致。

图252

图253

用法四　破抱右腿左抄右腿右按脖摔法

1. 对方双手抱住我右腿，欲使用搂腿摔或靠摔。（图254）

图254

2. 我立即用右手按住对方后脖颈，左手反旋抄住对方右腿；同时，腰裆右转，右手沉劲下按，使对方向我右侧摔出。（图255）

要领说明：此法是破解抱腿之法。左手反旋抄腿时要有螺旋的掤劲；右手按、捋对方脖颈时，要做到松肩沉肘，按中带捋。

图255

用法五　破右鞭腿左掤化右肘砸击头部法

1. 当对方用右鞭腿攻击我左侧腰部时，我腰裆左转，左手变勾手，反旋掤缠对方右腿，同时，右臂屈肘。（图256）

2. 腰裆右转，左手勾住对方右腿向右上方掀抬，同时，右肘迅速砸击对方头部。（图257）

图256

图257

【动作四】腰裆左转；左手勾手向左前方领劲反挤，勾尖随腰裆左转螺旋向下，右手反旋向右前螺旋外碾，掌心朝前；同时，左脚前外旋转，变左弓步，右腿膝部弯曲，沉裆塌劲；目视右掌。（图258）

图258

要领说明：腰裆转换要圆活；左手挤劲变领劲外旋勾手时，要松肩沉肘，左臂要放松；右手的领劲引化要做到与左手的搂手形成整体的合力，这就是太极拳要求的“合即出”。

用法　破右拳左手反缠右抹脖右肘撞击法

1. 当对方进右步出右拳攻击我腹部时，我腰裆左转，左手反旋，掤化缠住对方右臂；同时，左腿进步至对方右腿外侧，右手顺势勾住对方脖颈。（图259）

2. 如果对方想化解我的右手捋劲採脖时，我左手缠拿对方右臂不变，右臂顺势放松变肘，向前横击对方面部。（图260）

要领说明：右搂脖摔变肘法的撞击是手领肘、肘领肩的三节打法，它体现了太极拳如水般的自然规律，这就是所谓的“挨到何处何处击”。

图259

图260

第十式
右转身靠

此式是左手反旋、右手正旋化解拳法以及腿法的肩靠用法。右转身靠，不要错误地理解为是转身右靠之法。太极本身就包含着阴阳的变化，如果我们仅仅理解为右肩靠法的话，此式的命名就不会是“右转身靠”了，而会更名为“转身右靠”，如果这样，就更便于理解和练习了。所以，它不仅是化解拳法后的左肩靠之法，也可以用于破解腿法的靠击。希望大家能融会贯通，做到举一反三，只有细心揣摩，才能收到触类旁通之效。

【动作说明】左勾手变掌，反旋一圈收至右胸前，右掌反旋一圈合手于左胸前；同时，腰裆右转，步法由左弓步变成马步。（图261）

要领说明：周身要做到协调一致，腰裆转换要圆活；右转身时，要有螺旋的爆发力。

图261

用法一　破右拳右鞭腿右采左抄腿左肩捌臂打法

1. 当对方出右拳攻击我面部时，我腰裆右转，右手正旋，向上掤采对方右腕；若对方见右拳走空，随即用右鞭腿攻击我肋部时，我左手反旋，从内侧掤接对方右鞭腿。（图262）

2. 腰裆继续右转，右手采住对方右手向右后引劲，同时，身体随腰裆右转，左臂放松，以左肩顺势捌打对方右肘反关节。（图263）

要领说明：左右手要有粘连黏随的劲，腰裆转换要松活；左肩的靠击要有掤劲，不盲目发力；做到身随手转，肩随胯走，周身劲力合一，不丢不顶。

图262

图263

用法二　破右鞭腿左抄腿右抹脖左肩靠击法

1. 承接上式打法。当对方出右高鞭腿攻击我头部时，我左手反旋缠掤住对方右腿，同时，左腿微向前进步，右手顺势正旋抹住对方脖颈。（图264）

图264

2. 腰裆右转，左手缠住对方右腿向右斜上方掤掀，右手随腰裆右转，向右后方捋按对方头部，同时，左臂顺势放松，以左肩靠击对方胸肋。（图265）

要领说明：腰裆转换要圆活，左肩发力要沉猛，身体要保持中正。

图265

用法三　破左蹬腿右抄腿左捋左肘横击法

1. 当对方用左蹬腿攻击我腹部时，我腰裆右转，右手正旋，从对方左腿下抄住其左脚跟，同时，左腿进步至对方裆前，左手掤住对方左膝。（图266）

2. 腰裆加大右转，右手抄住对方左脚跟向上掀抬掤化，左手反旋变肘，随腰裆右转横击对方头部。（图267）

要领说明：腰裆转换要圆活，左肘撞击要以腰带肘；周身劲力完整合一，要有爆发力。

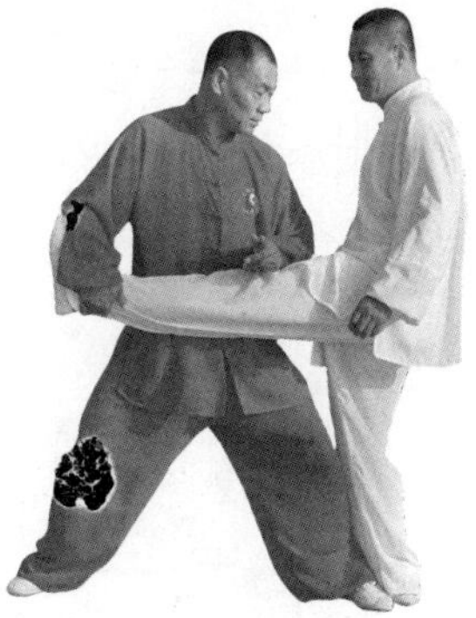

图266

图267

第十一式
井拦直入

此式虽然看似极其简单的一个动作，但其中的变化很多。它可以在防守对方左右拳脚攻击的同时，快速做出反击。武术的技击往往就是如此，“大道至简”就是这个道理。

此式的命名，源于二十八宿的南宿星座。我们都知道，太极生两仪，两仪生四象，四象生八卦。这里的四象大家都知道，是专指东、西、南、北四个方向。从天文角度来看，各方分别由七组星宿组成，统称为二十八宿。其呈现的形状为：东青龙、西白虎、南朱雀、北玄武。所以，东西南北四个方向又叫四象、四兽、四维、四方神。“井”，在二十八宿里，为南方第一宿，其八星组合星群如网状，由此而得名“井”。井宿，就像一张迎头之网。井宿附近又有北河、南河、积水、水府等星座，又恰如一片无底汪洋，故井宿有多凶险之称。“井拦”运用于太极拳中，其意就是，若敌拳攻入，其上，就如同一张密集的天网一样被封锁，难以攻进；其下，就如一片汪洋，犹如泥牛入海的感觉。但不管敌拳如何攻入，对方都会凶多吉少。而网与水，都是可以泄力的物质，这恰如太极拳的化力，也正如王宗岳拳论所说“仰之则弥高，俯之则弥深”之意。

在二路拳中，共有两式“井拦直入”，其后面都是风扫梅花和金刚捣碓的拳式组合，确切地说，此三招的两次重复，就是一阴一阳的两个组合打法。前一组合为阴，即走边门，主要是掤接右手的打法，而后一个组合为阳，是採左手进中门的打法。

【动作说明】腰裆右转45°；右手正旋採手于右耳侧；随之，左腿进步，脚尖向右前45°方向领劲；同时，左掌沉肘向前按出，高与胸齐；目视左掌。（图268）

图268

要领说明：右手正旋採手要与腰裆右转协调一致。也就是说，右手的缠丝与身体自转的旋转要完整一气。右手的高度一般在面部高下，右肘一定要沉下，肩部要松开；左手在按掌时，肘要沉住，不可起肘，其发力方向也要顺右转之势形成旋转合力，如此，按劲才能沉稳有力。另外，左掌在运用按劲发力之时，要与左腿在上下一个重影垂线上，这就是拳法讲究的“手与足合、肘与膝合、肩与胯合”的外三合。

用法一　破右拳右採进步左手按击肋部法

当对方进右步出右拳攻击我面部时，我腰裆右转，右手正旋，向上採住对方右手腕，左腿进步至对方右腿后侧；同时，左掌顺势向前横切对方右肋。（图269）

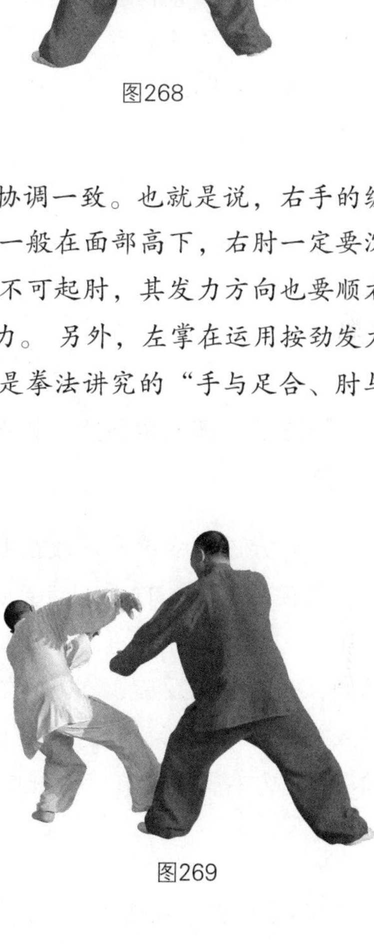

图269

要领说明：身体的右转和右手的採劲以及左掌的按击要同步，周身协调一致，劲力合一；左手在按击时，要做到沉裆塌劲，腰裆转换要圆活。

用法二 破右拳右采左掌螺旋上挒劲法

当对方进右步出右拳攻击我面部时，我腰裆右转，右手正旋，向上采住对方右手腕，左腿进步至对方右腿后侧，左掌顺势从对方右臂上反旋按击对方胸部；同时，以身体的掤劲挒打对方右肘关节。（图270）

图270

要领说明：此式是右采左按变化为身体挒法的招法。此式要求做到左掌的按劲和身体自转的掤劲协调一致。

用法三 破右拳右采左掌螺旋下挒劲法

当对方进右步出右拳攻击我面部时，我腰裆右转，右手正旋，向上采住对方右手腕，左腿进步至对方右腿后侧，左掌顺势反旋，在对方右臂下穿入按击对方胸部，同时，以身体掤劲挒打对方右臂肘关节。（图271）

图271

要领说明：此法与上法是上下的阴阳变化用法。左手在按击对方胸部时，如果对方身体左转化解我的按劲后，我顺势以身体的自转掤劲挒打对方右肘反关节；要求动作一气呵成，节节贯穿。

用法四　破右拳右採进步左手切喉法

当对方进右步出右拳攻击我面部时，我腰裆右转，右手正旋，向上採住对方右手腕，左腿进步至对方右腿后侧，同时，左掌顺势向前横切对方咽喉。（图272）

图272

要领说明：左掌击打对方咽喉时，左肘不可起肘，左肩还要放松；切击对方咽喉之时，裆劲要松沉下塌。

第十二式
风扫梅花

此式主要是破解右拳右腿转身打法。但此式根据实战的需要，可以演化为右採左挒和左捋的左右扫腿法，以及右转身挒臂背摔和接腿转身别摔等。它要求腰裆转换圆活，周身协调一致，劲力要完整。此式的命名就是形容身体旋转恰如风扫梅花一样迅猛快捷。

在二路拳中，共有两式风扫梅花，两式都是链接在井拦直入的后面。此式在承接上式打法的基础上，右手掤接右手的打法后的左前扫和右后扫腿法，而下一式的风扫梅花则是右手掤採对方左手打法后的前后扫腿法，两式是一阴一阳的变化打法。

注：由于篇幅所限，左扫腿和右后扫腿法略。

【动作说明】接上动。腰裆右转，右腿往后插步转体270°；右手正旋自转，随身体右转时按于右胯前，同时，左手掌变自转反旋收肘，随腰裆右转收至胸前，掌心向右；目视左掌指。（图273）

图273

要领说明：此式是上式井拦直入的跟进打法，它加大了井拦直入的旋转角度和手法的缠丝劲。在风扫梅花一式中，不管是右手的正旋还是左手的反旋收肘，做到肩领肘、肘领手的同时，还必须做到自转螺旋，这样，手法才能做到不丢劲，劲力要缠绵不断。

用法一　破右拳右采左捋变转身左肘打法

1. 当对方进右步出右拳攻击我面部时，我腰裆右转，右手正旋，向上掤采对方右腕，同时，左手反旋，掤住对方右臂向右侧捋劲。（图274）

2. 腰裆加大右转，右手採住对方右手向右侧引劲，左手随腰裆右转收肘捋劲；同时，右腿向后插步，右肘顺势随腰裆右转撞击对方右肋。（图275）

要领说明：此式是捋势的转身肘打法。如果我右採左捋时，对方腰裆右转欲化解我的捋劲，我可以用转身肘打之法。要求腰裆转换要圆活，裆劲要沉下。

图274

图275

用法二　破右拳右採左挒变转身左后摆拳打法

1. 当对方进右步出右拳攻击我面部时，我腰裆右转，右手正旋，向上掤採对方右腕，同时，左手反旋掤住对方右臂，左手领劲挒打对方右肘关节。（图276）

图276

2. 如果对方腰裆右转化解我的挒劲时，我腰裆加大右转，右手採住对方右手向右后侧引劲。同时，左手向右侧掤捋，右手变拳，随身体右转向后侧摆击对方头部。（图277）

要领说明：此式要求做到腰裆转换圆活，摆拳要劲力顺达。

图277

用法三　破右拳右採左挒右转身右肘击打后脑法

1. 当对方进右步出右拳攻击我面部时，我腰裆右转，右手正旋，向上掤採对方右腕，同时，左腿进步至对方右腿前，左手反旋掤住对方右臂，领劲挒打对方右肘关节。（图278）

2. 如果对方腰裆右转化解我的挒劲时，我腰裆加大右转，调换步法，右手採住对方右手向右后侧引劲，同时，左手向右侧掤捋，右臂屈肘随身体右转砸击对方后脑。（图279）

要领说明：此法不仅体现了太极拳阴阳的虚实打法，同时也揭示了太极左右的阴阳变化和虚虚实实、变化莫测的深邃理法。

图278

图279

用法四　破右拳右采左切喉变捌臂背摔法

1. 此式是接上式井拦直入的变化打法。我右手採住对方右手腕，左掌切向对方咽喉，对方腰裆右转，左手从下方掤化我的左切掌。（图280）

图280

2. 我腰裆右转，右手採劲不变，左手反旋，化解对方左手的採势，左手顺势收肘向右侧缠捌对方右臂；同时，身体右转，将对方捌臂反背摔出。（图281）

图281

要领说明：左手在捌拿对方右臂时，一定要做到收肘不收手；转身背摔时，要借助身体右转之势。

第十三式
金刚捣碓

此式金刚捣碓，主要是身体上纵加大挒劲的打法。当我左采右挒缠打对方右臂，由于各种原因，不能将劲力完全作用到对方右肘反关节时，我身体上纵，加大右挒的劲力，来达到全力摧毁对手的目的。根据此式的变化，又演化出其他相关的连带用法。

【动作一】腰裆左转；左掌在腹前反旋一周，右掌向腹前收肘，双手合于胸前；双腿成马步，目视前方。（图282）

要领说明：左手反旋要有採按的劲，右手要有正旋的缠丝劲，身体要保持中正。

图282

用法一　破左拳左採右手外缠挒法

当对方进左步出左拳攻击我面部时，我腰裆右转，左手反旋採住对方左腕，同时，右手从对方左臂内侧向外正旋缠锁住对方左臂。（图283）

要领说明：此法是破解左拳的右手正旋擒拿法。右手正旋要做到右臂放松，手指领劲。

图283

用法二　破左拳左采右手抱缠捌拿法

1. 当对方进左步出左拳攻击我面部时，我腰裆左转，左手正旋，採住对方左腕向左侧引劲；同时，右腿进步至对方左腿后侧，右手正旋缠抱住对方左臂。（图284）

2. 左手反旋，缠掤对方左腕向左前推掤，同时，右手顺势正旋领劲缠捌住对方左臂。（图285）

要领说明：动作要做到缠绵不断；右手要领起全身的劲力，手随腰转，周身协调一致。

图284

图285

【动作二】腰裆右转；左脚蹬地发力向上跳起，右膝向上提起撞击；右手正旋自转向上螺旋，左拳随身体自然在腹前自转；目视前方。（图286）

要领说明：右手抱缠对方左臂上跳缠捌的目的，是加大右手的缠捌劲和右膝的攻击力度。右手抱缠左臂时，要做到右手领劲螺旋，身、手螺旋的劲力要合一。

图286

用法一　破右拳左采右挒上纵跳加大挒劲法

1. 当对方进右步出右拳攻击我胸部时，我腰裆左转，左手正旋，从内侧采住对方右腕向左侧引劲；同时，右腿进步至对方裆前，右手掤住对方右臂下侧反关节处。（图287）

2. 如果对方沉肘反抗，使我的右臂挒劲无法全力作用到对方右肘反关节时，我顺势身体上纵，加大右臂的螺旋挒劲，使对方右肘关节遭重创。（图288）

要领说明：身体上纵的目的是加大对其右臂的挒劲。身体上纵要做到劲力完整合一。

图287

图288

用法二　破左拳左采右挒上纵跳加大挒劲法

1. 当对方进左步出左拳攻击我胸部时，我腰裆右转，左手正旋，从外侧采住对方左腕向左侧引劲；同时，右腿进步至对方左腿后侧，右手掤住对方左臂下侧反关节处。（图289）

2. 如果对方沉肘反抗，使我的右臂挒劲无法全力作用到对方左肘反关节时，我顺势身体上纵，加大右臂的螺旋挒劲，使对方左肘关节遭重创。（图290）

要领说明：身体上纵要做到劲力完整合一，动作协调一致。

图289

图290

用法三　破左拳左采右手外缠挒右腿撮摔法

1. 当对方进左步出左拳攻击我面部时，我腰裆右转，左手反旋採住对方左腕，同时，右手从对方左臂外侧下方向内、向外正旋，锁住对方左臂。（图291）

2. 腰裆左转，左手採劲加大反旋，右手领劲上旋，加大对其左臂的缠挒；同时，右腿勾住对方左脚跟后内旋转，将对方挒摔而倒。（图292）

要领说明：左手的反缠、右手领劲正旋、腰裆的左转、右腿后内缠等要协调一致，体现了太极拳处处走螺旋、无处不缠丝的独有风格特点。

图291

图292

【动作三】腰裆松胯微左转，左右脚依次落地震脚，双腿同肩宽；右手螺旋收肘向左手掌心砸拳；目视前方。（图293）

要领说明：右手砸拳时，要做到肩领肘、肘领手的收肘下螺旋；身体要做到松肩沉肘，沉裆塌劲。

图293

用法一　破右拳左採右手内缠下旋摔法

1. 当对方进右步出右拳攻击我腹部时，我腰裆左转，左手反旋，从上向下採住对方右腕向左侧引劲，同时，右手反旋，掤住对方右臂内侧，合力向左收捋。（图294）

2. 腰裆加大左转，左手採住对方右腕向左侧引劲，右肘领劲缠掤对方右臂内侧走下螺旋，牵引对方身体向左下方翻倒。（图295）

要领说明：周身劲力要合一，发力要沉猛。

图294

图295

用法二　破左拳左采右拳外缠捌下碾脚法

1. 当对方进左步出左拳攻击我面部时，我腰裆右转，左手反旋採住对方左腕，同时，右手反旋，从外侧掤住对方左臂。（图296）

2. 腰裆左转，左手採住对方左腕向左侧引劲，右手收肘下旋，缠捌对方左臂肘关节；同时，右脚抬起向下、向后内旋，碾击对方左膝弯足三里穴。（图297）

要领说明：右脚碾击要做到力透右脚底，右手收肘缠捌要与腰裆下沉的劲力形成合力。

图296

图297

用法三　破右拳左手反採右转身捌别锁喉法

1. 当对方进右步出右拳攻击我胸部时，我腰裆微右转，左腿进步，左手反旋採住对方右腕。（图298）

图298

2. 身体右转360°，左手採住对方右腕不变，右腿随身体右转进步至对方身后；同时，右手变八字掌锁住对方咽喉，形成捌臂锁喉之法，将对方捌摔而倒。（图299）

要领说明：要求松肩沉肘，身体要协调一致，腰裆转换要圆活。

图299

第十四式
十字手

十字手的双逆缠开以及合手，其实就是阴阳的变化，任何一式太极拳的内旋圈或外旋圈，都是一个太极！这就是所谓的一圈一太极之意，其中根据阴阳互变相生的原理，任何一圈都能衍生出太极拳掤、捋、挤、按、採、挒、肘、靠八法之技击。此式在具体的散打实战中，还可配合腿法的缠丝，达到上下结合、左右逢源之效。不仅化解手法的还击，还可运用到破解腿法的反击之中。

【动作一】腰裆右转；双手反旋，向身体两侧外碾开手，掌心向外；同时，左腿为轴，右脚随腰裆右转向右侧擦脚开步；目视右手。（图300）

要领说明：双手反旋开手要与腰裆右转协调一致；身体要保持中正，双手反旋要有外碾的挤按劲。

图300

用法　破双按双手反旋左虚右实引捽法

1. 当对方进左步用双手按击我胸部时，我腰裆右转，双手从对方双臂上端反缠向两侧开手；同时，右腿擦脚至对方左腿内侧。（图301）

2. 腰裆左转，右手採按住对方左手向左前推碾，同时，左手掤按对方右手向左后引劲，将对方向左侧引捽而出。（图302）

要领说明：双手掤按对方，双手要有松沉劲；向左侧引捽时，左手根据实际情况不仅要做到松掤对方来力，还要有向左后侧引劲；另外，右手要有向左前推碾的按劲；腰裆要松活，双手要右实左虚。

图301

图302

【动作二】腰裆左转，沉裆塌劲，双脚尖向内紧扣成马步；双手外碾反旋，成十字手合于胸前，左掌在外，右掌在内，腕部相交，掌心朝外；目视前方。（图303）

要领说明：要做到沉裆塌劲，气沉丹田；双手合十要松肩沉肘。

图303

用法一　破双按双手反旋掤化按击法

1. 当对方进右步用双手按击我胸部时，我腰裆右转，双手从对方双臂上端反缠向两侧开手。（图304）

2. 腰裆左转，双手松掤对方双手；同时，双手顺势开手向前螺旋领劲按击对方胸部，使对方失去平衡而被击倒。（图305）

要领说明：双手反缠要有松沉的掤劲；右腿的缠丝劲走后外旋；要做到上下协调，腰裆转换要圆活。

图304

图305

用法二　破双按双手反旋右腿后外旋右肘沉击法

1. 当对方进右步用双手按击我胸部时，我腰裆左转，双手从对方双臂上端反缠向两侧开手。（图306）

图306

2. 腰裆继续左转，左手掤住对方右手向左侧引劲，右臂顺势屈肘向前撞击对方胸部。（图307）

要领说明：此式是十字手的中节打法。右肘击打要做到松肩沉肘，裆劲转换要圆活。在实战中，可根据情况的变化而产生左右手和左右肘的打法，这就是阴阳虚实的变化之法。

图307

第十五式
庇身捶

庇身捶，顾名思义，此式主要是防守中路拳脚攻击的收捋反击之法。左、右手在防守之时，一定要遵循先收肘后收手的基本原则。

【动作一】腰裆左转；左拳从腹前向下反旋外碾挤劲，右掌变拳，螺旋收至右侧胸前；同时，左脚前外旋转，右脚后外旋转；目视右拳方向。（图308）

图308

要领说明：左手收捋时，一定要做到以肩领肘、以肘领手。右拳出击，也一定遵循手领肘、肘领肩，节节贯穿的基本原理。

用法一　破右拳左手反缠右肘摆击左太阳穴

1. 当对方进右步出右拳攻击我面部时，我腰裆右转，左手反旋，缠掤对方右臂向右侧捋劲。（图309）

图309

2. 腰裆左转，左手反缠，从对方右臂下锁拿住对方右臂，同时，右臂顺势屈臂变肘摆击对方左太阳穴。（图310）

要领说明：左手缠拿要做到左臂松柔圆活，右肘摆击要做到肘随腰转；裆劲要松沉，转换要圆活，身体要中正。

图310

用法二　破双手抓肩左手反缠掤化右手掤挒法

1. 当对方用双手紧紧抓住我的双肩时，我腰裆微左转，左手反缠对方右臂向左侧缠旋，同时，右手收肘顺势掤住对方左肘反关节。（图311）

2. 腰裆加大左转，左手松掤对方右臂，同时，右手领劲螺旋缠挒对方左臂，使其被我挒摔而出。（图312）

要领说明：左手反缠要有向前缠掤的劲，以此加大右手的挒劲。另外，身体要保持中正，腰裆转换要圆活。

图311

图312

【动作二】腰裆右转；右拳向右前下方反旋收至胸前，左手反旋，收肘至左侧胸前；同时，右脚跟落地踏实，转变为左脚掌为轴，脚跟抬起后外旋转；目视左前方。（图313）

要领说明：双手要做到肩领肘、肘领手；腰裆转换要圆活。

图313

用法一　破右手抓左肩左手反缠锁臂右手联手捌肘法

1. 当对方进右步出右拳攻击我面部时，我腰裆左转，左手反缠，从对方右臂上锁拿住对方右臂。（图314）

2. 腰裆右转，左手缠锁对方右臂不变，右手抓住自己的左手腕，顺势向右下方引劲，加大左手的缠丝劲，使对方被我的双手缠丝劲锁扣于地。（图315）

要领说明：此式主要是以左手的反缠锁拿对方右臂。如果遇到对方力气较大或左手的缠劲不足之时，右手抓住自己的左腕，以加大左臂的缠丝劲。

图314

图315

用法二　破右高鞭腿左抄腿右抹脖左腿别摔法

1. 当对方用右高鞭腿攻击我左侧头部时，我腰裆左转，左手反旋，走下弧线抄住对方右腿。（图316）

2. 腰裆右转，右手採住对方脖颈向右后方採捋，同时，左手掤住对方右腿，从头部上方向右侧掀抬，左腿顺势向前别住对方左脚跟，使其翻摔倒地。（图317）

要领说明：右手要领劲螺旋，左手的反旋抄腿要做到掤接圆活；左腿在别住对方左独立腿时，要有后外旋的缠掤劲，要求劲力合一。

图316

图317

【动作三】腰裆左转；左拳收肘沉劲外碾至小腹前，右拳反旋收至右胸前；同时，右脚掌为轴，脚跟微后外旋转；目视左前方。（图318）

图318

要领说明：此式是右手的反旋缠臂的打法，与左手式是一个左右阴阳的演练法。右捋的打法与左侧相同，具体实战参考左式。在此式仅演示右手反缠的几个基本缠法以做示范。

用法一　破左拳右手反缠左手勾脖别摔法

1. 当对方进左步出左拳攻击我面部时，我腰裆右转，右手反缠拿住对方左臂。（图319）

2. 腰裆左转，右手缠住对方左臂向左侧缠锁引劲，同时，左手顺势勾住对方脖颈向左侧捋按；右腿乘势进步至对方左腿内侧，右腿后外旋将对方别摔而倒。（图320）

要领说明：此式与左式的用法相同，这是一个右式的练习法，其法理与左式相同。

图319

图320

用法二　破右高鞭腿左手反抄左腿进步别摔法

1. 当对方用右高鞭腿攻击我左侧头部时，我腰裆左转，左手反旋，走下弧线抄住对方右腿。（图321）

图321

2. 腰裆右转，左手抄住对方右腿向右侧上方挒发；同时，左腿向前插到对方左腿前侧后外旋转，将对方缠别摔倒。（图322）

要领说明：左手反缠抄腿和左腿进步别摔要做到一气呵成；腰裆转换要圆活。

图322

用法三　破解双手抓肩右缠捌进步搵别摔法

1. 当对方左腿在前，用双手紧抓我双肩之时，我腰裆左转，左手缠住对方右臂，右手从上向内反缠对方左臂向后抱住对方后腰；同时，右腿进步至对方裆前。（图323）

2. 腰裆左转，填腰挑臀，左手採住对方右臂向左侧引劲，同时，右臂缠抱住对方后腰上提转胯，将对方搵别摔出。（图324）

要领说明：此式为右手反缠填腰别摔之法。腰裆转换要圆活，要做到臀部发力。

图323

图324

【动作四】右拳变掌，领劲正旋变採手，左拳变掌叉在左侧腰间；同时，腰裆右转领劲螺旋，左腿后外旋成麒麟步；目视右手。（图325）

要领说明：此最后一式，是庇身捶完整的左缠右捋的练法。要求做到周身协调一致，腰裆转换要圆活，劲力要完整合一。

图325

用法一　化右拳左手反缠捌右手勾脖左腿前内旋锁拿法

1. 当对方进右步出右拳攻击我胸部时，我腰裆左转，左手反缠对方右臂向背后锁拿；同时，左腿进步至对方右腿后侧，右手顺势勾住对方脖颈。（图326）

2. 腰裆右转，左手领劲缠住对方右臂向右侧引劲，右手勾住对方脖颈向右侧勾带；同时，左腿缠住对方右腿后侧前内旋转，将对方锁扣在地。（图327）

要领说明：左手的反缠要做到松肩沉肘，右手的勾脖要有松沉劲；腰裆转换要圆活；左腿前内旋转与右手勾脖的合力要协调一致。

图326

图327

用法二　化右拳左手反缠捌右手勾脖左腿后外旋别摔法

1. 当对方进右步出右拳攻击我胸部时，我腰裆左转，左手反缠对方右臂向背后锁拿；同时，左腿进步至对方右腿前侧，右手顺势勾住对方脖颈。（图328）

2. 腰裆右转，左手领劲缠住对方右臂向右侧引劲，右手勾住对方脖颈向右侧勾带；同时，左腿掤缠住对方右腿后外旋转，将对方缠摔在地。（图329）

要领说明：此式与上式只是腿法稍有变化，前式是左腿前内旋缠法，而此式是后外旋缠法，这是左腿的阴阳变化。

图328

图329

用法三　破右高鞭腿左手反抄右手採脖摔法

1. 当对方用右高鞭腿攻击我左侧头部时，我腰裆左转，左手反旋，从对方右腿下侧反抄住对方右腿，如果对方见右腿被制，迅速出右拳攻击我面部时，我右手顺势右旋，採住对方右腕。（图330）

图330

2. 腰裆右转，右手採劲不变，左手反抄对方右腿向右侧翻掀，使对方右腿反压住其右臂之上，形成反拿臂之法。（图331）

要领说明：双手的合力要在一个运行的轨迹上，劲力要顺达，腰裆转换要圆活。

图331

第十六式
撇身捶

此式的主要技击原则是在承接前式庇身捶的基础上而衍生的打法。当对方化解庇身捶后，我左转身变化为右手三节的运用。此式展现了太极拳节节贯穿、连绵不断的技击特点。另外，此式也可以在右採左捋的情况下而采用走边门的拳打、肘击、肩靠之法。

【动作一】步法不变，腰裆左转；右手变拳，随身体左转螺旋向左侧发力击出，左手不变；目视左前方。（图332）

要领说明：腰裆转换要圆活，右拳击打要以腰发力，做到周身协调一致。

图332

用法一　庇身捶变右掌按劲法

1. 承接上式打法。当我用庇身捶缠拿对方时，对方欲腰裆右转，化解我的缠臂搂脖。（图333）

图333

2. 我腰裆左转，左手缠拿对方右臂不变，右搂脖之手顺势变掌，按击对方右肩锁骨，左腿顺势缠挂对方右腿后脚跟。（图334）

要领说明：此法的右掌是顺势借力打力之法。右掌出击时，要做到松肩沉肘，沉裆塌劲；腰裆转换要圆活，身体左转时要有粘黏劲。此腿法有前内旋和前外旋两种变化。

图334

用法二　庇身捶变右肘打法

1. 接上式。当我用庇身捶缠拿对方时，对方欲腰裆右转，化解我的缠臂搂脖。（图335）

2. 我腰裆左转，左手缠拿对方右臂不变，右搂脖之手顺势变肘，横击对方面部；同时，左腿顺势缠挂对方右腿后脚跟。（图336）

要领说明：右肘击打要做到松肩沉肘，同时，要沉裆塌劲，身体要保持中正。此肘法也可以沉肘向下，变撞击胸部。以上的掌按、肘打右臂三节的打法，右臂要做到节节贯穿，松肩沉肘。肩靠略。

图335

图336

【动作二】腰裆右转；右拳变採手，随腰裆右转向右斜前方开手，同时，左手变拳反旋，向左前螺旋开手；目视左前方。（如图337）

要领说明：此式用法，如果我的右手攻击被对方化解，反而被其左手掤化或採住时，我右手顺势反採对方左手，以左劈拳或左缠捧连续攻击对方。

图337

用法一　右手反採左腕左劈拳击打颈部法

1. 接上式。对方腰裆右转，右臂解脱我的左手缠拿，同时，左手掤化我的右手攻击。（图338）

2. 我顺势右手反缠採住对方左腕，腰裆右转，左拳借势劈砸对方颈部。（图339）

要领说明：右手的反採要圆活，左拳的劈砸要做到松肩沉肘，裆劲下塌。

图338

图339

用法二 右採左手左反缠捌左肘打法

1. 接上式。对方腰裆右转，右臂解脱我的左手缠拿，同时，左手掤化我的右手攻击。（图340）

2. 我顺势右手反缠採住对方左腕，腰裆右转，左手从对方左臂外侧螺旋缠捌对方左肘反关节。（图341）

要领说明：此法是右採左手反缠捌的打法，要求腰裆转换要圆活；左手缠捌要有爆发力。

图340

图341

第十七式
斩手

此斩手的特点，主要体现在左採手的前提下，左手引劲和右手捌打之法，同时配合右脚的震脚攻击。此动作不管是左手的採手还是右手的捌打，都要做到周身协调一致，劲力完整合一，一气呵成。

【动作一】腰裆左转；左拳变掌正旋自转採手，左脚前外旋转；同时，右拳随腰裆左转以肘领劲，收拳于右腮旁，拳眼朝内；目视左手。（图342）

图342

要领说明：左手的採引要做到松肩沉肘；左脚的前外旋转，要以左脚跟为轴，用身体的自转带动左脚的缠丝螺旋。

用法一　左手反採左腕左引左脚前外旋肘击法

1. 此式与撇身捶是承上启下的动作。当我左拳被对方左手掤接后，我腰裆左转，左手正旋，反採住对方左腕向左侧引劲；同时，左脚插至对方左腿后侧前外旋转，缠挂住对方左脚后跟。（图343）

图343

2. 左手向左侧引劲，左腿前外旋转缠拿对方左腿；同时，右手屈臂变肘，向前撞击对方左肋。（图344）

要领说明：左手向左侧引劲时，要做到松肩沉肘；左脚前外旋转缠拶对方左腿时，要有下沉的缠丝劲。

图344

用法二　左手反采右腕左引左脚前外旋右肩靠法

1. 承接上式打法。我运用左劈拳攻击对方面部，对方右腿在前，用右手接架我左臂时，我腰裆左转，左手反採住对方右腕向左侧引劲；同时，左脚从中门向前插到对方右腿后侧，左脚前外旋转，缠锁住对方右腿。（图345）

2. 腰裆加大左转，左手採劲不变，左脚紧扣缠住对方右腿向左侧缠锁；同时，右臂放松，右肩顺势靠击对方胸部。（图346）

要领说明：要做到松肩沉肘，沉裆塌劲，身体中正，劲力要完整合一。

图345

图346

【动作二】腰裆加大左转；左手採手向左侧引劲，收手于左肋旁；同时，右脚随腰裆左转向右前震脚；右拳顺势随身体的左转螺旋沉肘向右前方碾击，拳心朝上；目视右拳。（图347）

要领说明：左手的採劲要以身体的螺旋带动左手採引，左臂要做到松肩沉肘；右手的挒打要以拳领肘、肘领肩，做到节节贯穿，右臂松沉，裆劲下塌。

图347

用法　左採左腕双手叠腕挒拿震脚法

1. 当对方进左步出左拳攻击我的面部时，我腰裆左转，左手採住对方左腕，顺势向左侧引劲，同时，右手顺势向前锁拿对方左手，双手合力叠住对方左腕反关节。（图348）

2. 腰裆加大左转，双手加大挒劲缠挒；同时，右脚随腰裆左转，趁机向前跺击对方左脚面。（图349）

要领说明：此法是双手擒拿对方左腕之法。双手折腕要有沉腕的挒拿劲，双肩要做到放松，头劲上领，裆劲下塌。

图348

图349

第十八式
翻花舞袖

此式是在运用捋劲或挒劲。对方反採我的手腕，使我无法施展攻势时，我跳转身体，变换攻击的角度和方向。此式要求身法轻灵圆活，身体放松。另外值得注意的是，在身体跳转之时，身体要做到中正安舒，立如枰准；左臂要放松，掤劲不丢，做到粘连黏随。

【动作一】左手採手式不变，右手变正旋反缠，右肘微向内收肘；同时，身体向左翻身跳转一周，左脚、右脚先后着地，身体保持中定；手形与跳转前的动作相同。（图350）

要领说明：身体跳转之时，身体的旋转不可以摇摆晃动；左臂要放松，採劲不掉，掤劲不丢，做到粘连黏随。

图350

用法一　左采右㨃变左翻身拧臂捋摔法

1. 承接上式斩手打法。我运用斩手㨃打对方的左肘关节，对方腰裆左转化解我的㨃劲之时，我左手採住对方左手不变，双手拧住对方左腕领劲螺旋，随身体在头上翻转一周。（图351）

2. 双手採劲不丢，借助身体跳转的旋转力，加大向左侧捋劲，导致其肩关节损伤，而被我捋摔仆地而倒。（图352）

要领说明：左手的拧转要有抽丝的螺旋劲，还要以身体带动旋转，周身劲力合一；双手的捋劲要做到松沉和螺旋缠丝。

图351

图352

用法二　左採右㨃变左翻身㨃砸法

1. 承接上式斩手打法。我运用斩手㨃打对方的左肘关节，对方腰裆左转化解我的㨃劲之时，我左手拧住对方左腕领劲螺旋，随身体在头上翻转一周。（图353）

2. 腰裆左转，右手向下掤住对方左臂，顺势翻身跳转身体，借助身体跳转的旋转力，加大对其左臂的㨃劲，其臂必断无疑。（图354）

要领说明：此法在翻身拧转的基础上，采用了㨃砸之法。左手要松转圆活，右手的㨃法还要有松沉劲和螺旋领劲。

图353

图354

【动作二】右手领劲採手；右脚跳步回撤，身体右转90°，左脚向左前擦脚出腿；同时，左手向右前掤按。（图355）

要领说明：此式是当我左採右捋或右挒，对方用右手反採我右手，导致我腰裆无法左转，以致劲力落空之时，我借势跳转身体，改变进攻的角度或方向。

图355

用法一　左采右捋跳转身变右采左捋法

1. 承接上式打法。我左手采住对方左腕，腰裆左转，右手反旋向左侧运用捋法；对方腰裆左转，右手采住我的右腕，使我无法运用捋法。（图356）

2. 我右手反采对方右腕，沉劲向下掤按，左手松开对方左腕，右腿后撤小半步跳转身体，左腿向左前方开步；同时，右手采住对方右手腕不变，左手反旋掤住对方右臂，顺势改变为右采左捋攻击对方。（图357）

要领说明：此式是左采右捋受阻时，我立即跳转身位，改变进攻的角度和方向，形成多方位的进攻。在身体跳转时，右手采劲不丢，要做到舍己从人；身法跳转要轻灵，腰裆转换要松活。

图356

图357

用法二　左采右捋跳转身变右采左挒法

1. 承接上式打法。我左手采住对方左腕，腰裆左转，右手反旋向左侧运用捋法；对方腰裆左转，右手采住我的右腕，使我无法运用捋法。（图358）

2. 我右手反采对方右腕沉劲向下掤按，左手松开对方左腕，右腿后撤小半步跳转身体，左腿向左前方开步，同时，右手采住对方右手腕正旋缠拧，左手反旋掤住对方右臂，顺势改变为右采左挒攻击对方。（图359）

要领说明：此法是跳转身体后改用挒法的攻击。左手要有螺旋的领劲，双臂要做到松肩沉肘，沉裆塌劲，身体中正。

图358

图359

用法三　左採右捋跳转身变左肩靠法

1. 承接上式打法。我左手採住对方左腕，腰裆左转，右手反旋向左侧运用捋法；对方腰裆左转，右手採住我的右腕，使我无法运用捋法。（图360）

2. 我右手反採对方右腕沉劲向下掤按，左手松开对方左腕，右腿后撤小半步跳转身体，左腿向左前方开步，同时，右手採住对方右手腕向右侧引劲，左手反旋掤起对方右臂，左肩顺势向前靠击对方右腋下肋部。（图361）

要领说明：左肩的靠击要做到不依不靠，身体中正。

图360

图361

用法四　左采右捋跳转身变左肘击头法

1. 承接上式打法。我左手采住对方左腕，腰裆左转，右手反旋向左侧运用捋法；对方腰裆左转，右手採住我的右腕，使我无法运用捋法。（图362）

2. 我右手反採对方右腕沉劲向下掤按，左手松开对方左腕，右腿后撤小半步跳转身体，左腿向左前开步，同时，右手採住对方右手腕向右侧引劲，左手反旋掤住对方右臂，顺势向右侧捋劲，随之，左肘上旋，横击对方右侧太阳穴。（图363）

要领说明：此几种打法都是在身体跳转后运用太极八法的攻击之术。身体跳转是此招法的关键所在。跳转时要做到身体平稳，步法要轻灵快捷，腰裆转换要圆活。

图362

图363

第十九式
掩手肱捶（捋击法）

在二路炮捶中，共有六个掩手肱捶，而这六个掩手肱捶，在不同的情况之下，各有各的练法和用法。太极拳的掤、捋、挤、按、採、挒、肘、靠基本八法谁都知道，而太极拳的运用正是根据八法和五行步法的不同变化，通过螺旋缠丝的运动，演变出无数种打法、拿法和摔法。

在二路炮拳里，六个掩手肱捶依次是在捋、挤、按、挒、肘、靠等特定的情况之下而采取拳法的攻击。此式的掩手肱捶就是捋击之法。

为什么在二路中连续有六个掩手肱捶呢？原因是：八法的掤劲无处不在，而採劲也是在每种招法中都必不可少的，并且掤和採是太极拳最基本的手法，所以无须进行捶法的特殊演变，而只选择了捋、挤、按、挒、肘、靠六种不同情况下的拳法攻击。此六种拳法的变化，揭示了太极拳在任何情况之下的击打演变之法。当我们熟悉了此六种状态下的拳法变化，就能在实战中游刃有余，在错综复杂的情况下，就能做到机动灵活，或进行快速有效的防守反击。

【动作一】腰裆右转；右手採手向右侧引劲，同时，左手向右收肘掤捋；目视左前方。（图364）

要领说明：此动作是一个基本的右採左捋之法，以下多法都是根据此法的演变而来。此法是训练掩手肱捶的捋击打法。

图364

用法　破右拳右採左外旋捋法

当对方进右步出右拳攻击我胸部时，我腰裆右转，右手正旋，採住对方右腕向右侧引劲；同时，左手反旋，掤住对方右臂向右侧捋劲。（图365）

要领说明：此式掩手肱捶，是在对方化解我捋法的基础上，演变为各种拳法的攻击。

图365

【动作二】腰裆左转；左手反旋，向左下方沉劲掤化，同时，右手握拳，随腰裆左旋顺势向前方螺旋击出；目视右拳。（图366）

要领说明：左捋之手在右拳击打对方时，要缠掤控制住对方右臂，使其无法回援，这就是拳式"掩手"命名的缘由。左手要做到像物体掩住车轮一样，掤住对方的双臂，使其无法攻击；右拳击打要有钻头劲，拳随腰发，力达脚底。

图366

在右拳攻击对方时，拳法的变化可以根据距离的远近而转变为右肘、右肩、右胯、右膝、右脚等的打法，这就是右臂三节的打法和右腿的三节打法。在这里只例举、示范了右拳击打面部、胸部、小腹或裆部的上、中、下三路打法，其他打法略。

用法　破右拳右採左捋变左掤右拳击打胸部法

1. 当对方进右步出右拳攻击我胸部时，我腰裆右转，右手正旋，採住对方右腕向右侧引劲，同时，左手反旋，掤住对方右臂向右侧捋劲。（图367）

2. 腰裆加大左转，左手掤住对方左臂，顺势沉裆塌劲，同时，以右拳攻击对方的胸部。（图368）

图367

图368

第二十式
飞步拗拦肘

此式是右拳攻击对方被掤化或被对方採住时的讯变打法，它体现在飞身进步的借机取势；另外，是转身拗拦肘击打肋部或胸部之法。右肘在此式的击打，主要是肘法向下的领劲螺旋砸击，它的阴阳变化是右肘击打中门的胸口和边门的左肋。

【动作一】腰裆微左转；左脚蹬地发力向前飞步跃起成右麒麟步；同时，左手从腹前反旋，向左后开手引劲，右手顺势向右斜前方领劲反旋，双掌心皆朝身后方向；目视正前方。（图369）

图369

要领说明：身体跃起要轻灵，步法要沉稳；双手反旋的手指要有领劲。

用法一　右手反掤飞步进身右肩靠击法

1. 我用右拳攻击对方腹部，对方左前腿后退，用左手掤住我的右拳向其左外侧引化，同时，用右拳反击我的腹部；我腰裆左转，左手反旋，掤住对方右拳，顺势向左后引化。（图370）

图370

2. 腰裆加大左转，右手随其左掤劲螺旋向右前方领劲，左手掤劲不丢；同时，右腿飞步向前，右臂放松，右肩顺势向前靠击对方胸部。（图371）

要领说明：飞步进身用右肩靠击时，右臂一定要做到放松；右肩的靠击以及左手的掤化和右腿的飞步进身都要同步进行，周身如同开满的弓箭，一触即发，身体还要保持中正，要做到松活沉稳。

图371

用法二　右手反掤飞步进身掤捌左腕挤摔法

1. 我用右拳攻击对方腹部，对方左前腿后退，左手正旋採住我的右拳向其左外侧掤化，同时，用右拳反攻我的腹部；我腰裆左转，左手反旋，掤住对方右拳向左后引化。（图372）

2. 腰裆加大左转，右手向右前方领劲反旋，化解对方的採手；同时，右腿飞步向前，右手顺势掤住对方左手螺旋缠捌，将对方挤摔而出。（图373）

要领说明：右手的领劲螺旋始终不丢；周身要做到协调一致，一气呵成，劲力完整合一。

图372

图373

【动作二】腰裆向左旋转180°；左手正旋，採手收至右肩内侧；左腿随腰裆左转向后插步；同时，右手顺势反旋握拳收肘至右腮旁；目视左前方。（图374）

图374

要领说明：此动作是转身的一个採手式。此式的阴阳变化是左手採对方左手或右手；另外左手不仅有正旋採手，还可以有反旋採法。

用法　破左拳左转身左手正旋採左手法

若有人从我身后出左拳向我后脑攻击时，我身体左转180°，同时，左腿向后插步躲闪，左手正旋，向上掤採住对方左拳。（图375）

图375

要领说明：左手接手要做到螺旋滚动而出，沉裆塌劲，身体在转体时要保持中正。左右拳皆如此化法。

【动作三】身体继续左转180°，右腿顺势进步成马步；左手随腰裆左转正旋，向左侧引劲收手，同时，右拳走螺旋，从后向右上、右下成立圆下栽，左手顺势反旋变掌收手至右胸前；目视右前方。（图376）

图376

要领说明：此式要做到以拳领肘，以肘领肩；砸击的路线要从上向下；右拳要走圆，更要有松沉的砸击力。

用法一　破左拳左采右捌打左肘法

1. 当对方进左步出左拳从身后偷袭我时，我腰裆左转180°，左腿向后倒插，躲开对方左拳的攻击；同时，左手正旋，向上采住对方左腕关节。（图377）

2. 腰裆继续左转，左手采住对方左腕向左后方引劲，同时，右手变拳缠住对方左臂，向下方栽拳捌打对方左臂肘关节。（图378）

图377

图378

用法二　破左拳左采走边门右肘击打头部法

1. 当对方进左步出左拳攻击我面部时，我左手正旋，采住对方左腕，顺势向左侧引劲。（图379）

图379

2. 腰裆左转，左手採劲不丢，同时，右腿进步，右臂屈肘从上向下砸击对方头部。（图380）

要领说明：在实战中，右肘的攻击幅度不可过大，从外表看犹如右肩靠法，在贴住对方身体的刹那，右臂微屈立即化肘出击。

图380

用法三　破右拳左採踏中门右肘砸击面部法

1. 当对方进右步出右拳攻击我面部时，我左手正旋，採住对方右拳腕关节，顺势向左侧引劲。（图381）

2. 腰裆左转，左手採劲不丢，右腿进步至对方裆前，右臂屈肘从下向上挑击对方下颏。（图382）

要领说明：右腿进步时，身体要做到中正安舒；右臂要做到松肩沉肘，沉裆塌劲。

图381

图382

第二十一式
大红拳

此式共有六个动作，而这六个动作是双云手的三个反复演练。在实际的运用中，看似一样的双云手动作，其实每个云手都有着本质性的区别。此式在原来定步八法训练的基础上，添加了五行步法的练习。为了更加详细体会和揣摩太极拳的五行八法，所以分别用三次反复的活步双云手，加强太极拳十三势的灵活运用。

【动作一】腰裆左转；左手向左正旋开手採引，右手螺旋随身体左转向左侧缠搠；目视右前方。（图383）

要领说明：此法是左採左手用身体的挒打法。此法包含了左採左手的外缠挒法和内缠挒法。

图383

用法一　破左拳左採右臂下缠挒打法

1. 承接上式打法。当对方进左步出左拳攻击我胸部时，我腰裆右转，左手正旋，向上掤採住对方左腕，右臂自然下垂。（图384）

2. 腰裆左转，左手採住对方左手向左侧螺旋引劲，同时，右手在对方左臂下掤缠向左侧领劲螺旋，以右上臂或身体的左旋缠丝掤挒对方左肘反关节。（图385）

要领说明：此式是左採左手右手下缠用身体掤挒打法。身体要做到中正掤劲。此式体现了太极拳无处不缠丝、无处不螺旋、“挨到何处何处击”的技法理念。

图384

图385

用法二　破左拳左採右臂上缠身体掤挒法

1. 承接上式打法。当对方进左步出左拳攻击我胸部时，我腰裆右转，左手正旋，上掤採住对方左腕，同时，右手反旋，从对方左臂上向其内侧缠掤住左臂。（图386）

图386

2. 腰裆左转，左手採住对方左手正旋缠拧，右臂沉劲缠锁住对方左臂；同时，身体随腰裆左转缠捌对方左肘反关节。（图387）

要领说明：身体要保持中正；身体缠掤住对方左臂时，要有突然的爆发力，以此加大对其左肘反关节的伤害性。

图387

【动作二】腰裆右转；右手向右侧正旋掤缠；右腿随腰裆右转向右侧进步，左腿随即向右侧跟进小半步，前脚掌着地；同时，左手顺势收肘，随身体右转向右侧按出；目视右手。（图388）

图388

要领说明：此法是化解左拳右手正旋掤挤左掌的按击之法。右腿的进步和左腿的跟进，是五行步法的变化训练，要求做到手与脚合、肘与膝合、肩与胯合的外三合；周身要求协调一致。

用法一　破左拳右掤左掌按击胸部法

1. 承接上式打法。对方出左拳，我左手採住对方左手向左侧引劲，腰裆左转，以身体自转缠丝掤捌对方左肘反关节；对方腰裆左转，右手採住我右腕，左臂放松，顺势挤靠我腹部。（图389）

图389

2. 我腰裆右转，以身体右转的螺旋掤化对方的左臂挤靠；同时，右手螺旋向上掤化对方的左臂，左掌顺势向前按击对方的腹部。（图390）

要领说明：此法是右手正旋掤化左手，左掌顺势按击胸部的打法。腰裆转换要圆活，身体要中正，身体处处走螺旋；左掌的按击，要做到松沉塌腕，力达脚底。

图390

用法二　破右拳右掤左掌按击右肋法

当对方进右步出右拳攻击我面部时，我腰裆右转，右手正旋向右斜上方掤化，同时，左掌随腰裆右转，按击对方右肋部。（图391）

图391

要领说明：右手的掤化和左掌的按击要做到协调一致。拳谚“拳打一阴和一阳”，就是概括拳法的防守和反击的阴阳打法。右手的开手掤化，就是阴手的防守，同时，也是左掌阳手的进攻。王宗岳“太极拳论”所谓“忽隐忽现”就是此意，也就是所谓的“打即是化，化即是打”。即手法的防守和进攻就是一阴一阳、一隐一现的阴阳变化。

【动作三】腰裆左转；左手向左前侧45° 反旋採引，右手随即向左侧收肘捌劲；同时，左腿向左侧退步，右脚随之向左侧后退小半步，前脚掌着地，成右高虚步；目视右前方。（图392）

图392

要领说明：此动作是左採退步的右捌之法，也就是一个退守的活步捌法。此动作与下一个动作主要是练习退步和进步的活步捌法，要求做到进退得法，攻守有度，防守的同时还要有进攻。这就是太极拳所谓的“退即是进”“化即是打，打即是化”之意。

用法一　破左拳左採右手收肘捌法

1. 当对方进左步出左拳攻击我面部时，我腰裆左转，左手正旋，採住对方左拳向左侧引劲，随之左腿后退一步，右腿向左侧后撤小半步，以此减弱对方的攻势。（图393）

2. 腰裆左转，左腿向左后方撤步，左手採劲不丢，右手收肘缠捌对方左肘反关节。（图394）

要领说明：身体的腰裆左转要与右手的螺旋收肘协调一致。

图393

图394

用法二　破右拳左采右手外缠收肘捌法

1. 当对方进右步出右拳攻击我面部时，我腰裆左转，左手正旋，採住对方右拳向左前方引劲，随之左腿后退一步，右腿向左侧后撤小半步，以此减弱对方的攻势；同时，右手反旋，从对方右臂外侧掤住对方右臂。（图395）

2. 腰裆左转，左手採劲不丢，右手向左侧收肘缠捌对方右肘反关节；同时，右腿进步到对方右腿后侧，将对方捌别摔出。（图396）

要领说明：左手向左前方引劲，右手的螺旋收肘的方向要与左手的引劲方向形成合力，做到以腰胯发力；身体要保持中正。

图395

图396

【动作四】腰裆右转；右手正旋，向右前方领劲螺旋挤出，左手自转螺旋向右侧缠掤；同时，右腿向右前方进步，左腿顺势跟进小半步，左脚掌点地，成左后高虚步；目视右前方不变。（图397）

要领说明：此法是进步挤法的运用。在此动作的运使中，手法要做到粘连黏随，不丢不顶；步法要与手法协调一致，身体要保持中正。

图397

用法一　破左拳左采右手螺旋上挤法

1. 承接上式打法。我左手正旋采住对方左手向左引化，右手螺旋从外侧缠挒对方左臂，对方腰裆左转，欲化解我的挒法；我顺势腰裆右转，左手採住对方左腕正旋缠拧，右手反旋领劲变挤法。（图398）

2. 我顺势右腿向对方左腿后侧进步，缠别住对方左腿，左腿随即跟进小半步，同时，沉裆塌劲，右手螺旋前挤，将对方发出。（图399）

要领说明：此法是进步的挤法练习。右手在挤劲时，要做到手领肘；另外右臂要松肩沉肘，裆劲下塌，劲力要完整合一。

图398

图399

用法二　破右拳左采右手螺旋下挤法

1. 承接上式打法。当我左手正旋採住对方右手向左引化，同时，右手正旋，在对方腋下掤挤住对方右臂时，我腰裆右转，左手採住对方右腕正旋缠拧，右手反旋领劲掤挤对方身体。（图400）

图400

2. 我右腿顺势向对方裆前进步，缠别住对方右腿，左腿随即跟进小半步；同时，右手向上螺旋挤劲，沉裆发力，将对方挤靠而出。（图401）

要领说明：此两式为左右挤法的运用。右手在挤劲时，不仅要有螺旋的领劲，还要有向上方的掤发劲。要求做到沉裆塌劲，中正安舒。

图401

【动作五】腰裆左转；左手向左前侧45° 方向反旋採引，右手随即向左侧收肘捋劲；同时，左腿向左侧退步，右脚随之向左侧后退小半步，前脚掌着地，成右高虚步；目视右前方。（图402）

要领说明：此动作采用了捋法训练，即左採右捋之法。活步的捋劲练习，是步法的五行变化。当对方来势快速凶猛，在我运用左採右捋之时，要以步法退守来调整防守的态势，所以，此招与其他捋法不同，是活步的退步捋法。

图402

用法　破右拳左採左引右手内缠捋法

1. 当对方进右步出右拳向我面部快速攻击之时，我腰裆左转，左手正旋，掤採对方右手向左侧引劲，右手反旋，掤住对方右臂内侧向左侧收捋。（图403）

2. 腰裆左转，左手採劲不丢，右手加大捋势；同时，左腿顺势向左后方退步，右腿随之也向左撤退小半步，以此加大捋势。（图404）

要领说明：此捋法与上相同，但此法改变为防守右拳的捋势。此法与左採左手是左、右的阴阳变化。

图403

图404

【动作六】腰裆右转；右手正旋松肩，向右前方领劲螺旋按出，左手正旋自转；同时，右腿向右前方进步，左腿顺势跟进小半步，左脚掌点地，成左后高虚步；目视右前方不变。（图405）

要领说明：此动作是练习採左、右拳进攻中门和边门的三节按法。中门属于阳，边门属于阴；手、肘、肩即为右臂之三节。要求做到节节贯穿，周身协调一致。此法有按击、肘击、胯打等，略，仅以肩靠示范说明。

图405

用法　破右拳左採右肩靠击胸部法

1. 当对方进右步出右拳攻击我面部时，我腰裆左转，左手正旋，採住对方右手向左后方掤化，右手掤住对方右臂内侧，顺势向后收肘捋劲；同时，右腿向后撤步，以加大捋势。（图406）

2. 腰裆左转，左手採劲不丢，同时，右腿进步至对方裆前，右臂松肩沉肘，右肩顺势向前靠击对方胸部。（图407）

要领说明：此法是破解右拳进中门右臂的根节打法。要求松肩沉肘，沉裆塌劲，身体中正；要做到不依不靠。

图406

图407

第二十二式
右转身高探马

此式的基本攻防原理，主要是在对方右採左捋或左挒配合左腿的扫踢的情况之下，采取右腿提膝躲闪后撤，同时，是以右手缠捌对方腕关节之时左掌的按击法。此式的关键是右提膝的躲闪和右手的擒拿。右手要做到螺旋领劲，在缠拿对方手腕时，犹如抽丝一般缠绵不断。左掌在按击对方胸部、肋部或面部等要害部位时，要有寸劲和渗透力。

【动作说明】右腿提膝，顺势右转180°；右手正旋，随身体右转向右后侧方採手引劲，同时，左掌螺旋向左前方按击。（图408）

要领说明：右手向右侧採劲时，切记要做到松肩沉肘，腰裆转换要圆活，同时，还要有螺旋的缠丝劲；左掌的按击也要有螺旋，即太极拳所谓的“无处不螺旋”“无处不缠丝”；左腿独立站立时，要有松沉的劲。

图408

用法一　破右採左捋左扫腿提膝右转身左掌按击肋部法

1. 我右腿在前，对方右手採住我右腕向其右侧捋劲，并用左腿扫踢我右腿时，我腰裆右转，右手正旋，向上反採住对方右腕；同时，右腿提膝躲过对方的左扫腿。（图409）

2. 腰裆继续右转，右手採住对方右腕，顺势向右侧引劲，右腿提膝，随腰裆右转回撤；同时，左掌乘势按击对方右肋。（图410）

要领说明：此要求做到上下相随，腰裆转换要圆活；右手正旋反採以及腰裆右转，要用身体的螺旋缠丝化解对方的捋势。

图409

图410

用法二　破左拳双手外捌腕右引左掌按击胸部法

1. 我抱右架站立，右腿在前，对方进左步出左拳攻击我面部时，我腰裆左转，右手反旋，从上掤採住对方左手，顺势左手上前变双手捌拿对方左腕。（图411）

图411

2. 腰裆右转，双手向外捌住对方左腕向右侧引劲缠捌；同时，右腿提膝，随腰裆右转回撤，右手採劲不丢，左掌乘势按击对方胸部。（图412）

要领说明：此式的双手缠捌左腕之法，属于外牵羊拿法。与缠捌右腕属于左右的阴阳变化，其理法相同。

图412

第二十三式
小红拳

此式是与“大红拳”式子方向相反的双云手，虽然动作相同，但用法有别。此式的第一个云手是左掤右按之法，与“大红拳”相同，而之后的两个双云手，是左、右捋法的按击。此法不仅是训练化解左、右拳的反击之道，同时又增加了步法的训练，这就是双云手五行八法的平圆阴阳变化打法，而其中又包含了上下阴阳的变化。由此可见，“大红拳”是根据五行步法的变化，练习太极的掤、捋、挤、按、採、挒、肘、靠八法的运用；而“小红拳”则是练习左右、上下、前后以及单手和双手的阴阳变化。由此可以看出，二路炮捶拳架中所有重复的式子，都有着不同的特殊实战意义。

【动作一】腰裆右转；右手正旋，向右后侧方螺旋开手引劲；同时，右脚向右下方震脚；左掌随腰裆右转反旋向右侧领劲螺旋；目视左前方。（图413）

要领说明：此式是一个右採身体左掤的挒法。身体要求自转螺旋缠丝，身体要保持中正，沉裆塌劲；右脚震脚跺击要有松沉劲。

图413

用法一　破右拳右采右引左手下捌法

1. 当对方进右步出右拳攻击我中盘时，我腰裆右转，右手正旋，採住对方右腕向右侧引劲，同时，左手在对方右臂下随腰裆右转领劲缠捌对方右肘关节。（图414）

2. 上动不停。当对方右肘被我捌拿欲抽手后撤之时，我右脚顺势跺击对方右脚面。（图415）

要领说明：此式的左臂在捌打对方右臂时，也可以从对方右臂下缠抱，身体右转以加大捌势；腰裆转换要圆活，身体保持中正；右脚跺击要有松沉劲。

图414

图415

用法二　破双按右採左掤右引身体缠捌法

1. 当对方进左步出双手推按我胸部时，我腰裆微左转，用身体掤住对方双手，同时，右手反旋，从下方採住对方右腕，左臂自然放松，掤住对方右肘关节处。（图416）

图416

2. 腰裆右转，身体掤住对方双手，随腰裆右转向右侧挒打对方右腕反关节。（图417）

要领说明：此法是身体向右自转的掤挒法。要求身体有自转的螺旋缠丝，身体要保持中正安舒。

图417

【动作二】腰裆左转；左手向左前方正旋掤缠，左腿随左手向左侧进步；右手随腰裆左转，顺势收肘向左侧按击；同时，右腿随之跟进小半步成后右高虚步；目视左前方。（图418）

要领说明：要求手法、步法、身法协调一致，做到内外相合；双手要松肩沉肘；身体保持中正，不偏不倚。

图418

用法一　破右拳右采左手下挒变左上挤靠法

1. 当对方进右步出右拳攻击我面部，我腰裆右转，右手採住对方右手向右侧引劲，同时，左手在其右臂下掤挒对方右肘反关节；对方腰裆右转，化解我的挒劲，欲抽身后撤之时。（图419）

图419

2. 我腰裆左转，左手顺势向前掤挤住对方右腋下，右手螺旋缠拧对方右腕；同时，左腿从外侧向前缠挂住对方右腿，右腿随即跟进小半步，双手顺势螺旋向左前上方掤发。（图420）

图420

要领说明：此劲的掤发，右手要做到螺旋的缠拧，左手要有领劲和松肩沉肘；同时，双手的配合还要有挒劲；左转掤发时，要以腰裆发力为主，裆劲要松沉，劲力要完整，手法、步法、身法要做到协调一致。

用法二　破右拳右採左手下掤左肘击打右肋法

1. 当对方进右步出右拳攻击我面部，我腰裆右转，右手採住对方右手向右侧引劲，同时，左手在其右臂下掤挒对方右肘反关节；对方腰裆右转化解我的挒劲，欲抽身后撤。（图421）

图421

2. 我腰裆左转，右手採劲向右侧方引化，左腿从外侧进步缠挂住对方右腿，右腿随即跟进小半步；同时，左手顺势屈臂变肘，向前沉肘撞击对方右肋。（图422）

图422

要领说明：此法是追击跟进的中节打法。要求做到松肩沉肘，沉裆塌劲，上下相随，完整一气，周身协调一致。

【动作三】腰裆右转；右手正旋向右后侧采引，左手螺旋平圆向右侧收捋；同时，右腿向右侧退步，左腿随之也后撤小半步成左高虚步；目视左前方。（图423）

图423

要领说明：此动作是化解左右来拳的平圆退步捋法和挒法，在这里以挒法示范为例。

用法　破右拳右采退步左手平圆挒法

1. 当对方进右步出右拳攻击我面部时，我腰裆右转，右手正旋，采住对方右腕向右后引劲，左手掤住对方右臂肘关节。（图424）

图424

2. 腰裆加大右转，右手采住对方右腕，左臂向右侧平圆旋转挒打；同时，右腿向右后侧退步，左腿顺势后退小半步，以加大右采左挒的态势。（图425）

图425

要领说明：此法是平圆挒法的练习。左挒要以腰裆发力，劲力要完整，立身要中正。

【动作四】腰裆左转；左手松肩沉肘向左前方按击，右手随腰裆左转收肘，与左掌合力向左侧下方按出；同时，左腿向左前进步，右腿随后跟进小半步成右高虚步；目视左前方不变。（图426）

图426

要领说明：此动作是平圆开手化解左右拳法踏中门的按、挤、肘、靠等法。按击时，根据实战的需要，可以用单手，也可以用双手。双手按法，左手尽量保持在上，右手在下，做到同时发力。

用法一　破右拳右採左挒变左旋跟步双掌按击法

1. 当对方进右步出右拳攻击我上盘时，我腰裆右转，右採左挒对方右臂；对方右手领劲螺旋化挒变挤靠我，同时欲抽身后撤。（图427）

图427

2. 我腰裆左转，用身体掤化对方的右手挤劲；同时，左手随腰裆左转掤挤住对方右臂，左腿向前进步，右腿跟进小半步，双掌顺势向前击打对方胸部和腹部。（图428）

图428

要领说明：当对方抽身后撤时，步法要同时跟进，做到手到脚到。拳谚云："手到脚亦到，打人方为妙。"周身要协调一致，上下相随，中正安舒。

用法二　破左拳右採左手内捋变左肩靠击胸部法

1. 当对方进左步出左拳攻击我面部时，我腰裆右转，右手採住对方左腕向右侧引劲，同时，左手掤住对方左臂内侧向右后侧方收捋。（图429）

2. 腰裆左转，左腿向对方裆前进步，右腿随即跟进小半步；同时，左臂放松，以左肩向前靠击对方胸口。（图430）

要领说明：以上打法是左臂三节的运用。左肩在靠击时，要做到身体中正安舒，腰裆松活，沉裆塌劲。

图429

图430

【动作五】腰裆右转；右手正旋向右后侧採引，左手螺旋向右侧收捋；同时，右腿向右侧退步，左腿随之也后撤小半步成左高虚步；目视左前方。（图431）

要领说明：此式是立圆收手的挒法和捋法，与上一个平圆捋法对应成阴阳的变化。在行拳走架时，要注意手法的运使。

图431

用法一　破右拳右採左手上捌法

当对方进右步出右拳攻击我面部时，我腰裆右转，右手正旋，掤採对方右手向下方引劲，同时，右腿向后撤步，左腿随即跟之后退小半步，左手顺势向下捌打对方右肘反关节。（图432）

图432

要领说明：此式是因为对方出拳来势凶猛，我右採左捌顺势后退的打法。要求周身协调一致，攻防有度。

用法二　破右拳右採左手上捋法

当对方进右步出右拳攻击我面部时，我腰裆右转，右手正旋，掤採对方右手向下方引劲，同时，右腿向后撤步，左腿随即跟之后退小半步，左手掤住对方右臂顺势向下捋摔。（图433）

图433

要领说明：此式为退步捋法。要求手与脚合，周身协调一致。

【动作六】腰裆左转；左手松肩沉肘向左前方按击，右手随腰裆左转收肘，与左掌合力向左侧下方按出；同时，左腿向左前方进步，右腿随后跟进小半步，成右后高虚步；目视左前方不变。（图434）

图434

要领说明：此式是退步防守后的双掌按击法，它体现了太极拳一化即打的战术思想。要求手、眼、身、法、步的协调配合和劲力的高度统一。

用法一　破右拳右採左手上捋变双手按击胸部法

1. 对方进右步出右拳攻击我面部，我退步右採左捋；对方腰裆右转，化解我的捋劲，欲抽身后撤。（图435）

2. 我腰裆左转，右手的採劲不变，左腿随对方后退而向前进步，右腿随之跟进小半步；同时，双手变掌，顺势按击对方胸部。（图436）

要领说明：左转身的双掌按击要力从脚底而出，手随腰转，沉裆塌劲，身体要保持中正。

图435

图436

用法二　破右拳右採左挒变左跪腿外缠右腿摔法

1. 对方进右步出右拳攻击我面部，我退步右採左挒；对方腰裆右转，化解我的挒劲，欲抽身后撤。（图437）

图437

2. 我腰裆左转，左腿借势向前进步，顺势从外侧勾挂住对方右腿后侧；同时，潜身向下，右手勾住对方右腿，左前臂掤按对方右膝螺旋前挤，身体塌劲向前，用跪腿摔将对方发放而出。（图438）

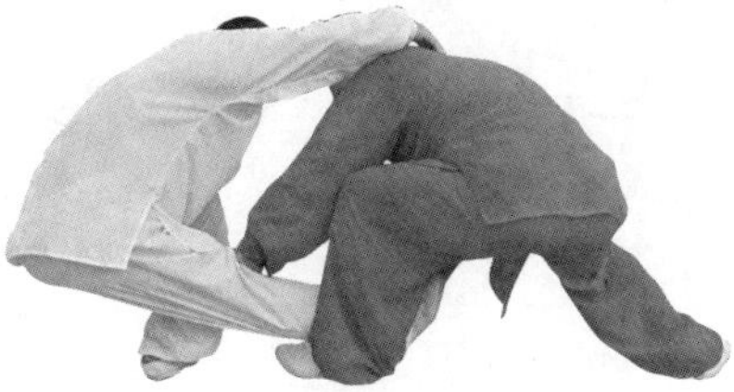

图438

要领说明：这是右採左捋变化为左外跪腿摔法。左手的挤劲要有螺旋，劲力要完整。

用法三　破右拳右採左捋左跪腿内缠左腿摔法

图439

1. 对方进右步出右拳攻击我面部，我退步右採左捋；对方腰裆右转，化解我的捋劲，欲抽身后撤。（图439）

2. 我腰裆左转，左腿进步至对方裆前，左腿侧顺势从内侧勾挂住对方左腿；同时，潜身向下，右手从外侧勾住对方左脚跟，左前臂掤按对方左膝螺旋前挤，身体塌劲向前，用跪腿摔将对方发放而出。（图440）

图440

要领说明：此式是左腿勾挂对方左腿的跪腿摔法，与上一式正好是一阴一阳的两种不同的用法，其理法相同。

第二十四式
高探马

此式主要是破解左、右拳攻击的捌腕拿法。要求双手做到粘连黏随，腰裆转换要圆活。此式的命名意在从上向下听其虚实。高，即高处，从上向下之意；探马，就是古代骑马的侦察兵，俗称“探马”。运用到太极拳法之中，主要是要做到松、掤、听劲。

【动作一】腰裆左转，左脚向左前方擦脚开步，以脚跟为轴，脚尖前外旋转；同时，左手掌心朝上，随身体左转开手至左前方以后，掌心旋转向下，右手顺势反旋收肘合掌于左掌下成交叉状；目视前方。（图441）

图441

要领说明：左手在开手掤接对方来劲时，要手随腰转，做到松肩沉肘，左手放松的感觉犹如动物或昆虫的触须一样，以皮肤的感应，听其来力的方向与变化。

用法一　破右拳左手反採双手外缠牵羊叠腕法

1. 当对方进右步出右拳攻击我胸部时，我左腿在前（或右腿撤步），腰裆右转，左手反旋，从对方右手上採住对方右腕。（图442）

图442

2. 腰裆左转，左手採劲不变，右手向前从对方内侧扣住对方右腕，双手合力向外捌拿对方右腕关节。（图443）

要领说明：双手捌拿对方右腕反关节时，要双手的劲力与腰裆左转相合，周身劲力合一，力点直达对方腕关节。

图443

用法二　破右拳左手反採双手拿腕捌肘法

1. 当对方进右步出右拳攻击我胸部时，我右腿在前，腰裆右转，左手反旋，从对方右手上採住对方右腕。（图444）

2. 腰裆左转，左手採劲不变，右手向前从对方内侧扣住对方右腕，双手合力向外捌拿，加大对其右腕关节的捌劲；假设对方沉肘化解我的捌劲，我顺势领劲向前，将捌劲通达到对方肘关节，使其右肘被我捌劲所控制。（图445）

要领说明：周身劲力合一贯穿，我的捌劲要作用到对方肘关节上。

图444

图445

用法三　破右拳左手反採双手拿腕捌肩法

1. 当对方进右步出右拳攻击我胸部时，我左腿在前，腰裆右转，左手反旋，从对方右手上採住对方右腕，同时，右手向前从对方内侧扣住对方右腕，双手合力向外捌拿其右腕关节。（图446）

2. 假设对方右腕力气过大，无法形成捌拿，我顺势腰裆左转，双手领劲抽拉对方右臂螺旋，将捌劲通达到对方肩关节处，使其被我捌劲所控制。（图447）

要领说明：双手要有抽丝的领劲，如果对方的右臂被我的螺旋劲抽拉而出，肩关节就会失去控制，被我双手的捌劲所擒拿。此三法看似一种拿法，双手都是缠捌对方右腕，实则捌劲所通达的劲力位置不同，所构成的捌拿之法也不相同。此法需反复实验才能体悟。

图446

图447

【动作二】腰裆右转；右脚向右后侧45°擦脚退步；同时，双手掌心翻转向下，双手反缠开手，左手反旋前碾，右手反旋，向右后侧方45°掤化；目视左前方。（图448）

要领说明：此式是擒拿左腕关节的捌法。在运用捌法时，左掌可以趁机攻击对方中门的上、中、下三盘。

图448

用法一　破左拳左手掤接双手捌腕拿法

1. 当对方进左步出左拳攻击我面部时，我腰裆左转，左手正旋掤接对方左拳，同时，右手反旋向前扣拿对方左手。（图449）

2. 腰裆右转，右手翻腕缠拿对方左腕，左手掤转形成双手合力捌拿对方左腕法。（图450）

要领说明：此法是掤化对方左拳的双手捌腕法。要求手法做到粘连黏随，掤劲不丢；在捌拿对方腕关节时，要沉劲塌腕。

图449

图450

用法二　破左拳左手掤接双手捌腕左肩靠击法

1. 当对方进左步出左拳攻击我面部时，我腰裆左转，左手正旋掤接对方左拳，右手顺势反旋，向前扣拿对方左手，同时，左手掤转形成双手合力捌拿对方左腕向右侧引劲。（图451）

图451

2. 如果对方负隅顽抗，我腰裆右转，双手捌劲不变；同时，左腿进步至对方裆前，顺势用左肩靠击对方胸部。（图452）

要领说明：此法是双手捌拿对方左腕的左肩靠法。要求做到沉裆塌劲，身体保持中正；肩靠时，捌劲不丢。

图452

用法三　破左拳左手掤接双手捌腕左肘摆击法

1. 当对方进左步出左拳攻击我面部时，我腰裆左转，左手正旋掤接对方左拳，右手反旋向前扣拿对方左手，同时，左手掤转形成双手合力捌拿对方左腕。（图453）

2. 如果对方负隅顽抗，我腰裆右转，双手捌劲不变；同时，左腿进步至对方裆前，左肘顺势向前摆击对方头部。（图454）

要领说明：周身要协调一致，裆劲要做到松沉，力达脚底。

图453

图454

用法四　破右手抓右腕金丝缠腕擒拿法

当对方用右手抓住我右腕时，我左手扣住对方右手，腰裆右转，右手自转正旋缠拿对方右腕。（图455）

要领说明：此法有人称之为“小缠”“金丝缠腕”等。在缠拿对方右腕时，要做到右手指领劲，右手自转螺旋。

图455

【动作三】腰裆左转；左手正旋，采手向左后方引劲；同时，左腿向后方退步；右手顺势反旋向右斜前方碾按；目视右前方。（图456）

要领说明：此式是缠别对方右腿的双手捌右腕法。要求做到内外相合，手到脚到，周身协调一致。

图456

用法　破右拳左手反采双手叠腕右腿缠别法

1. 当对方进右步出右拳攻击我胸部时，我左腿在前，腰裆右转，左手反旋，从对方右手上採住对方右腕。（图457）

2. 腰裆左转，左手採住对方右腕向外反旋，右手向前从对方内侧扣住对方右腕，双手合力向外捌拿对方右腕关节；同时，左腿向后撤步，右腿顺势缠别在对方右腿外侧，使其无法转换，以此加大对右腕的捌劲。（图458）

要领说明：此法是双手捌对方右腕的缠掤右腿擒拿法。双手在捌拿对方右腕时，要有螺旋的领劲，如此可以加大对其右臂的控制力。

图457

图458

第二十五式
穿梭

此式共有六个动作。其中每两个动作为一个组合，前一个动作为防守反击的拗腕法，后一个动作是进攻的挤、按法。在这三次看似相同的防守和进攻中，分别是捋、拗对方右拳、左拳和腿法的反击之法。另外在防守和进攻中，此式配合了五行步法的进、退训练，在实际的运用中更加趋于灵活和机动。

【动作一】腰裆左转；左手反旋向左侧採手，右手随腰裆左转，向左侧收肘捋劲；同时，左腿向后退步，右腿随之后退小半步；目视右前方。（图459）

图459

要领说明：此式是退步的拗拿其腕部之法，此式的退步无疑加大了拗拿之势，以求达到更加控制对方的目的。同时，在退步拗拿对方腕关节时，注意右侧的反击。

用法　破左拳退步拗腕身体左转掤拗法

1. 当对方进左步出左拳攻击我面部时，我腰裆右转，左腿向后撤步，同时，左手反旋，从内侧採住对方左腕。（图460）

图460

2. 腰裆左转，双手缠捌对方左腕向左侧翻转；同时，身体左转，右腿进步，以身体自转的掤劲捌打对方左肘反关节。（图461）

要领说明：双手扣拿对方左腕时，要做到随身体左转；身体在掤缠对方左肘反关节时，要有左转的缠丝劲，注意身体的自转螺旋。

图461

【动作二】腰裆右转，右腿向右前方进步，左腿随之跟进小半步成自然步站立；同时，双手正旋自转，随腰裆右转向右前方按出，左掌指附于右腕处，掌心向前；目视右前方。（图462）

要领说明：此法是进步的双按法。右腿在进步运用双按时，左腿在后侧要跟进小半步，以此加大攻击的力度。

图462

用法　双手捌拿右腕顺势双掌按击法

1. 当我双手捌拿对方右腕关节时，对方腰裆右转欲化解我的捌法。（图463）

2. 我腰裆右转，右腿向前进步，左腿随之跟进小半步；同时，双掌顺势按击对方胸部。（图464）

要领说明：此法是双手捌拿对方右腕关节，对方右转身化解我的捌劲后，欲抽身而退时，我顺势滑步跟进，运用双掌按击对方胸部的招法。要求手、足相合，周身协调一致。

图463

图464

【动作三】腰裆左转；左手正旋，向左侧採手引劲，右手随腰裆左转，向左侧收肘捋劲；同时，左腿向后退步，右腿随之后退小半步，成自然步站立；目视右前方。（图465）

要领说明：此法是破解左拳退步的捋法和捌腕法。同时，身体的左转，运用右臂缠捌以及左肩靠法等，但此式的应用主要是练习挤法。

图465

用法一　破左拳退步收捋身体掤挤法

1. 当对方进左步出左拳攻击我面部时，我腰裆左转，左手正旋，向上掤採住对方左手向左侧引劲，右手反旋掤住对方左臂，顺势向左侧收捋；同时，左腿借势向左后方退步，右腿随之后退小半步，以加大捋势。（图466）

2. 腰裆加大右转，左手採劲不变，右手掤住对方左臂向右前方领劲螺旋挤出。（图467）

要领说明：此法是捋法变挤法的变劲运用。要求做到松肩沉肘，沉裆塌劲，身体保持中正。

图466

图467

用法二　破左拳退步捌腕右臂掤缠挤法

1. 当对方进左步出左拳攻击我面部时，我腰裆左转，左手反旋，从内侧採住对方左腕，右手向前，以双手缠捌对方左腕向左侧翻转；同时，左腿向后撤步，右腿随之后退小半步。（图468）

图468

2. 腰裆右转，双手挒劲不变，裆劲下塌，以身体的掤劲向右方挤靠掤发。（图469）

要领说明：此法是双手挒腕变身体掤挤之法。要身体有自转的缠掤劲。

图469

【动作四】腰裆右转，右腿向右前方进步，左腿随之跟进小半步，成自然步站立；同时，双手正旋自转，随腰裆右转向右前方按出，左掌指贴附于右腕处，掌心向前；眼法不变。（图470）

要领说明：此法是右转身的双手挤按法。

图470

用法　双手挒拿左腕顺势双掌按击法

1. 当对方进左步出左拳攻击我面部时，我腰裆右转，双手缠挒住对方左腕向左侧引劲。（图471）

2. 若对方左手反旋，欲化解我的挒腕后退时，我顺势腰裆右转，右腿向前进步，左腿随之跟进小半步，双掌随腰裆右转按击对方胸腹部。（图472）

要领说明：对方后退时，我的步法要随之跟进，上下要协调一致；双掌按击时，要沉裆塌劲，力随腰发。

图471

图472

【动作五】腰裆左转；左手正旋，向左侧採手引劲，右手随腰裆左转，向左侧收肘捋劲；同时，左腿向后退步，右腿随之后退小半步，成自然步站立；目视右前方。（图473）

要领说明：此式的退步挒法，主要是练习破解左、右腿法的攻击。

图473

用法一　破右蹬腿双手捌拿右脚踝法

1. 当对方用右蹬腿攻击我腹部时，我腰裆左转，左腿顺势后退一步，右腿随之后退小半步，以躲闪对方右腿的攻势；同时，右手正旋，向下勾住对方右脚跟。（图474）

2. 腰裆继续左转，右勾手不变，左手顺势掤住对方右脚向外缠捌，双手合力捌拿对方右脚踝。（图475）

要领说明：这是破解右蹬腿退步捌拿对方脚踝之法。要求做到松肩沉肘，手随腰转。

图474

图475

用法二　破左蹬腿双手捌拿左脚踝法

1. 当对方用左蹬腿攻击我腹部时，我腰裆右转，右腿顺势后退一步，左腿随之后退小半步，以躲闪对方的左腿攻势；同时，左手正旋，向下从内侧勾住对方左脚跟。（图476）

图476

2. 腰裆右转，左勾手不变，右手顺势掤住对方左脚向外缠捌，同时，向左侧捋带拧转，双手合力捌拿对方左脚踝。（图477）

要领说明：此法是破解左蹬腿退步的捌拿脚踝之法。要做到松肩沉肘，手随腰转，周身协调一致。

图477

【动作六】腰裆右转，右腿向右前方进步，左腿随之跟进小半步，成自然步站立；同时，右手正旋自转，随腰裆右转向右前方按出，左掌指附于右腕处，掌心向前；眼法不变。（图478）

要领说明：此式主要是训练破解对方左、右蹬腿攻击后进步的双掌反击法。

图478

用法一　捌拿右脚踝进步双掌按击法

1. 承接上式。当我捌拿对方右脚踝，对方欲反抗之时。（图479）

图479

2. 我顺势腰裆右转，运用双掌进步按击对方胸部。（图480）

要领说明：此法还可以运用右肩、右肘的攻击，这是三节的节节贯穿之道，在这里就不一一赘述了。双掌按击时，要力达脚底，松沉裆劲。

图480

用法二　捌拿左脚踝进步双掌按击法

1. 承接上式。我捌拿对方左脚踝向左侧捋带拧转，对方欲反抗。（图481）

图481

2. 我顺势腰裆右转，从对方左腿外侧进步，运用双掌按击对方胸部。（图482）

要领说明：此法是化解左蹬腿后的双掌按击法。要求步快、身活，手到步到，周身协调一致，劲力要完整合一。

图482

第二十六式
倒骑驴

此式第一个动作是化解从身后攻击我的採手式，此招法共有六个动作，但应该说是三个完整的组合，其法都是右採手后变左手採按的反击打法，在拳法中俗称“巧纫针”。前两个动作是化解右拳的反击插掌；第三、第四个动作是化解左手的反击；而第五、第六个动作则是破解腿法的反击。但根据实际的临战情况不同，还可以破解对方左右连环拳，以及拳腿的组合攻击。整个动作缠绵不断，上下结合，体现了太极拳虚虚实实的阴阳变化规律。

【动作一】身体向右后旋转180°；右手正旋，向右后採手收手于右肋旁；同时，左腿提膝，随身体向右后旋转；左手顺势反旋掤按在左胸前；目视前方。（图483）

要领说明：此法主要是化解身后来拳或腿攻的膝攻之法。要求身随手转，腰裆转换要圆活，手、眼、身、法、步的高度统一。

图483

用法一　破右拳击打后脑右转身右採左捋左膝击肋法

1. 对方从我身后用右拳攻击我头部。（图484）

2. 我身体右转180°，右手正旋採住对方右手，左手掤住对方右手，顺势向右腋下方引化；同时，左腿提膝攻击对方右肋部。（图485）

要领说明：此法是防守后脑的反击法。武术要求做到眼观六路，耳听八方。一个功夫高手，能洞察周围之一切变化，太极拳论中所谓的“蝇虫不能落，一羽不能加”，指的就是此境界，即使对方从我背后偷袭，也休想得逞。

图484

图485

用法二　破左拳击打后脑右转身右採左捋左膝击裆法

1. 对方从我身后用左拳攻击我头部。（图486）

图486

2. 我身体右转180°，右手正旋採住对方左手，左手顺势掤住对方左臂向右捋化；同时，左腿提膝攻击对方裆部。（图487）

要领说明：出手要快捷，手法、步法、身法要做到协调一致；膝攻时，右腿要有松沉劲，力达脚底。

图487

【动作二】左脚向前落步；左手向右腋下掤按；同时，右腿向前跟进小半步；右掌顺势向前变仰掌穿出；目视前方。（图488）

要领说明：此法是破解右手的右手攻击法。右掌在穿掌前击时要放松，要做到节节贯穿，即指插、肘击、肩靠等；右掌插击对方咽喉时，要做到力达指尖。

图488

用法一　破右拳右採左按右掌插击咽喉法

1. 当对方进右步出右拳攻击我面部时，我腰裆右转，右手正旋，採住对方右腕向右后引劲；同时，左手反旋掤按对方右臂向右腋下方引化。（图489）

2. 腰裆微左转，左腿向前进步，右腿随之跟进小半步，左掌掤劲不变，右掌顺势向前插击对方咽喉。（图490）

要领说明：此式一定要做到手到步到。拳谚云："手到步也到，打人方为妙。"外三合一定要做到协调一致。

图489

图490

用法二　破右拳右採左按右肘撞击胸部法

1. 当对方进右步出右拳攻击我面部时，我腰裆右转，右手正旋，採住对方右腕向右后引劲，同时，左手反旋，掤按对方右臂向右下方引化。（图491）

图491

2. 腰裆微左转，左腿向对方裆前进步，右腿随之跟进小半步，左掌按住对方右手向右侧掤挤，右臂放松，顺势屈肘向前撞击对方胸部。（图492）

要领说明：此法是右臂的中节打法。一定要做到松肩沉肘，沉裆塌劲。

图492

【动作三】腰裆右转；右手正旋採手收手于右肋下，掌心正旋翻转朝上；同时，右腿向后撤退小半步，左腿随之也后退小半步；左掌顺势反旋按于右胸前，掌心朝下；目视前方。（图493）

要领说明：此法是化解左拳的退步掤法。掤化时，要做到松肩沉肘，沉裆塌劲，步法要活，腰裆转换要松圆。

图493

用法　破左拳退步右採左按法

当对方进左步出左拳攻击我面部时，我腰裆左转，左腿向后撤步，右腿随之后退小半步；同时，右手正旋採住对方左手，左手顺势掤按住对方左臂，控制住对方来势。（图494）

要领说明：此法是退步破解对方左拳，用右採变左掤按来防守对方的攻势；要求手、步、身协调一致。

图494

【动作四】腰裆微左转，左腿向前滑进小半步，右腿随之跟进；同时，左手按于右腋下，右掌顺势变仰掌向前方插出；目视前方。（图495）

要领说明：此法是破解左拳的“巧纫针”打法。步法在递进时，要脚踏中门，出手要快捷，插掌锁喉要准确，同时，要松肩沉肘，沉裆塌劲，身体要保持中正。

图495

用法　破左拳右採左按变进步右掌穿喉法

1. 当对方进左步出左拳攻击我面部时，我腰裆右转，右手正旋，採住对方左手向右下方引劲，同时，左手反旋，掤按对方左臂向右下方引化。（图496）

2. 腰裆微左转，左腿向前进步，右腿随之跟进小半步，左掌掤劲不变，右掌顺势变仰掌，向前插击对方咽喉。（图497）

要领说明：右掌穿插对方咽喉时，左手的掤劲不丢；要做到松肩沉肘，劲力完整合一。

图496

图497

【动作五】腰裆右转；右手正旋採手收手于右肋下，掌心正旋翻转朝上；同时，右腿向后滑步撤退小半步，左腿随之也后退小半步；左掌顺势反旋按于右胸前，掌心朝下；目视前方。（图498）

图498

要领说明：此动作是练习破解腿法的换手攻击法，左右相同，为阴阳的变化之法。一个是接左腿，一个是抄右腿；一个是走边门，而另一个是进中门。由此，我们可以洞观太极拳每招每式的阴阳变化。多数练习二路拳的人，都认为此招法的三次反复都是一样的用法，其实三次的反复训练，是化解左手、右手和腿法的不同打法，望大家区别开来。

用法　破左蹬腿退步右抄变左抄腿法

1. 当对方用左蹬腿攻击我腹部时，我腰裆右转，右腿向后撤退一步，左腿随之后退小半步；同时，右手顺势正旋，向下抄住对方左脚后跟向左侧引化。（图499）

2. 腰裆继续左转，左手向前接替右手，抄住对方左脚跟不变，同时，右手顺势撤出，准备走边门攻击对方。（图500）

要领说明：这是一式换手接腿之法。其原因是，当我右手抄住对方脚跟，由于步法和敌我距离等原因，左手无法攻击对方，我左手顺势接替右手的抄腿，抽出右手便于进攻。

图499

图500

【动作六】腰裆微左转，左腿向前滑进小半步，右腿随之跟进；同时，左手按于右腋下，右掌顺势向前方插出；目视前方。（图501）

要领说明：此动作是破解腿法后的进步穿掌法。要做到手到脚到的上下协调配合，插掌要快速有力，力达指尖。

图501

用法　破右蹬腿换手勾腿进中门右掌穿喉法

1. 承接上式打法。当对方用右蹬腿攻击我腹部时，我右手正旋，抄住对方左脚后跟向左侧引化，腰裆左转，左手向前接替右手，抄住对方右脚跟。（图502）

2. 腰裆左转，左抄腿不变，左腿踏中门向前进步，右腿随之跟进小半步，右手顺势变仰掌插击对方咽喉。（图503）

要领说明：此式是承接上式的右掌插喉法。要做到步法稳健快捷，要松肩沉肘，沉裆塌劲，右手也可以变攻击肋部之法。在实战中，要注意肘法、肩靠三节的打法运用，要做到外三合协调一致，劲力要贯穿到指尖。

图502

图503

第二十七式
闪通背

此式承接上式倒骑驴的用法。此式的主要特点是转身背摔。在运用中，其阴阳的变化是：进中门的背负摔或走边门的捌臂背摔法。在转身贴近对方身体时，身体要有旋转的掤劲；背摔时，要利用对方胳膊的杠杆力，把力通透到对方的身体之上，做到借力打力。

【动作一】腰裆右转180°；右手自转螺旋，翻转掌心朝下变採手；同时，左脚前内旋转，右脚前外旋；左掌顺势反旋收肘；目视右前方。（图504）

要领说明：此式是右採左掤挤或肩靠、胯打之法。

图504

用法一　破右拳左掤右插喉变右采左肩靠法

1. 当对方进右步出右拳攻击我胸部时，我腰裆左转，左手反旋，由上至下掤按住对方右手，同时，右掌穿插对方咽喉。（图505）

2. 如果对方用左手向上掤化我右掌，我腰裆右转，右掌顺势正旋，采住对方左手向右侧引化，左手掤按对方右手向对方腹前挤按，同时，以左肩靠击对方身体。（图506）

要领说明：双手要做到松肩沉肘；左肩靠击时，要沉裆塌劲；身体要保持中正安舒，不偏不倚。

图505

图506

用法二　破左拳左掤右插喉变右采左捌臂打法

1. 当对方进左步出左拳攻击我胸部时，我左手反旋，由上至下掤按住对方左手；同时，我腰裆左转进中门，右掌穿插对方咽喉。（图507）

图507

2. 如果对方用右手向上掤化我右掌，我腰裆右转，右掌顺势变正旋，採住对方右手向右侧引化，同时，左手掤按对方左手，向对方腹前反旋挤按，随腰裆右转，用左肩挒打对方右肘反关节。（图508）

要领说明：双手要松肩沉肘，松掤对方双手；左胯靠击时，身体要保持中正，腰裆要松沉。

图508

【动作二】身体右转；右手採劲向右下方引劲，左手继续反旋按于身前；同时，右腿向后扫腿插步；目视前下方。（图509）

要领说明：此式是在接手后转身背摔或转身的肩靠肘击之法。在转身背摔时，根据情况的不同，也可以变化为挒摔。身体在转体时，要保证中正安舒，腰裆转换要灵活。

图509

用法一　破右拳右採左捌背摔法

1. 当对方进右步出右拳攻击我面部时，我右手正旋掤採对方右手；同时，我腰裆右转180° ，左手反旋，掤对方右肘反关节处。（图510）

2. 右手採住对方右腕不变向右下方引劲，左手掤劲不丢，在腰裆右转时，左肩掤捌住对方右肘反关节，以左肩为支点，使对方从我背上捌摔而出。（图511）

要领说明：此法是破解右拳用左肩的捌摔法。此法捌中带摔，要求做到手腿合一，腰裆转换要圆活，左肩要有掤劲。

图510

图511

用法二　破左拳右採左抱缠背负摔法

1. 当对方出左拳攻击我头部时，我腰裆右转，右手正旋，向上掤採住对方左手；同时，左腿进步至对方裆前，左手顺势反旋从对方左臂下穿入，缠抱住对方左臂。（图512）

图512

2. 腰裆右转，右手採住对方左手向右侧领劲，左手配合右手向左侧收捋；臀部顺势掤住对方腹部，向上掤缠，同时，身体向下藏头，将对方从背部翻摔栽出。（图513）

要领说明：腰裆转换要圆活，臀部是一个翻转的支点，身体要保持稳定。

图513

用法三　破右拳右採左肩挒背摔变右肘撞击法

1. 当对方进右步出右拳攻击我面部时，我腰裆右转，右手正旋，掤採住对方右拳右腿倒插步；同时，左肩上掤挒住对方右臂肘关节。（图514）

图514

2. 身体加大右转，右手採住对方右臂向右后引劲，右腿向后插步，左手缠住对方右臂，同时，右肘随身体右后转体，顺势向后撞击对方右肋。（图515）

要领说明：这是一招捌摔带打之法。我在这里讲解此式的肘法等用法，是提醒大家注意：摔、打、拿是可以相互转化的，不要在实际中单纯地运用每招每式；拳法在运使中，要做到灵活变通，不能练死拳，这是拳法的运用宗旨。

图515

用法四　破左拳右採左转身背捌摔法

1. 当对方用左拳攻击我面部时，我腰裆右转，右手正旋採住对方左手，左腿盖步至对方裆前；同时，左手反旋从对方左臂下穿入，缠捌住对方左臂。（图516）

2. 腰裆加大右转，右手正旋下採，左手掤住其左臂向右前方挑捌；同时，随身体右转时背部贴住对方身体，将对方捌臂背摔而出。（图517）

要领说明：此法是在捌拿对方左臂的情况下采用了背摔之法，此招法极其凶险，一旦试手，对方左臂必断无疑。

图516

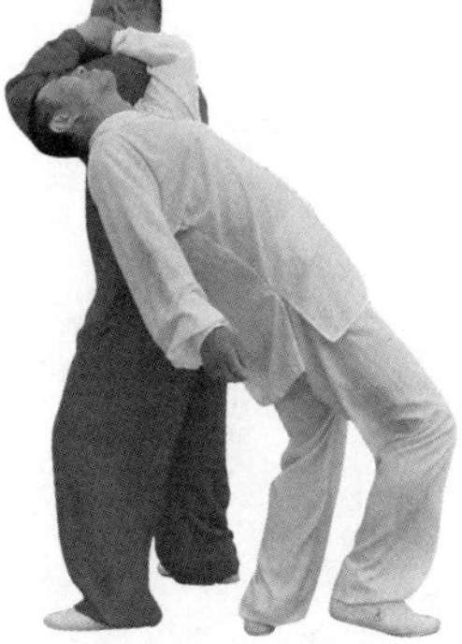
图517

第二十八式
跃步掩手肱捶（挤击法）

这是二路炮捶的第二个掩手肱捶。此式的用法是跃步中运用挤法，如果对方被我的挤劲所制而失机失势之时，我顺势再用右拳攻击对方。此式主要是应用于对方后退时的追击打法。

【动作一】腰裆左转，右脚蹬地向前跃步跳起；同时，右手在胸前反旋自转，收拳在胸前，左手随跃步在空中顺势反旋挤劲；目视左前方。（图518）

图518

要领说明：此式是跃步在空中的左手挤劲法。不管是右脚蹬地发力，还是在空中跃进，左手的挤劲始终不丢，做到粘连黏随。

用法一　破右拳右採左捋变跃步上挤法

1. 当对方进右步出右拳攻击我面部时，我腰裆右转，右手正旋，掤採住对方右腕，顺势向右侧引劲，同时，左手反旋，在对方右臂外侧向右侧捋劲。（图519）

图519

2. 对方腰裆右转化解我的捋势之后，顺势想抽身后撤；我腰裆左转，借对方后撤之势，右腿顺势蹬地跃起追击，右手採劲不丢，左手掤住对方右臂在空中由捋变挤。（图520）

要领说明：此式是在对方后退时，我跃步在空中的左挤法。左手要做到粘连黏随，挤劲不丢。

图520

用法二　破右拳右採左捋变跃步下挒掤挤法

1. 当对方进右步出右拳攻击我面部时，我腰裆右转，右手正旋，掤採住对方右腕，顺势向右侧引劲，同时，左手反旋，在对方右臂下侧向右侧捋劲。（图521）

2. 对方腰裆右转化解我的捋势之后，顺势想抽身后撤；我腰裆左转，借对方后撤之势，右腿顺势蹬地跃起追击，右手正旋拧转对方右腕，左手反旋到对方右臂下掤住对方身体，顺势在空中向前变挤靠。（图522）

要领说明：此式是在对方后退时，我跃步在空中的左手下挤法。要求做到周身协调一致，左手粘黏劲不丢，任凭对方退守多远，我粘黏劲始终不丢。

图521

图522

【动作二】当身体下落后，左手的掤挤不变；腰裆左转，右腿蹬地发力；右拳顺势反旋向前方击出；目视右拳。（图523）

要领说明：此式是对方在向后撤退时，受到了我的左手挤劲后，身体失去稳定的情况之下，我右拳趁机攻击对方中上盘的打法。

图523

用法　破右拳右採左捋变跃步上挤右拳击打法

1. 承接上式。当我右採左捋对方右手，对方抽身后撤时，我顺势纵身跳跃而起，左手粘黏住对方右臂，我右手採劲不变，左手领劲顺势变挤法，使对方身法散乱，失去平衡。（图524）

2. 当对方被我的挤劲失去稳定时，我双腿落地站稳，同时沉裆塌劲，左手挤劲不丢，右脚蹬地发力，右拳顺势攻击对方心口。（图525）

要领说明：此式是跃步运用挤法后，如果对方腰裆转换化解我的挤靠时，我运用右拳攻击对方的招法。这是掩手肱捶在二路炮捶中的第二种演变，要求周身协调一致，做到粘连黏随，掤劲不丢，身法保持中正安舒，腰胯发力，力达脚底。

图524

图525

第二十九式
裹身鞭

此式的实战用法主要是化解对方左右的採手反击。此式的第一个动作是承接上式的掩手肱捶的用法，当我用右拳攻击对方腹部，对方用左手挪化我右拳时，我左手顺势採住对方左手，运用挒法等攻击，同时，以劈拳攻击对方中路。如果对方採住我左手时，我顺势引劲缠拿，运用身体的缠丝劲挒打对方右臂反关节。此式的特点主要是训练在我被动情况下的反击打法。

【动作一】腰裆右转；右拳螺旋回收，步法不变；同时，左手向右拳前下方採手握拳；目视左前下方。（图526）

要领说明：这是一个左手反擒拿的动作。当我左手挪化对方右手，用右拳攻击对方腹部，对方左手反旋採住我右手时，我顺势用左手採住对方左腕的反擒拿手法。

图526

用法一　破左采左上缠腕右手正旋捌腕法

1. 承接上式。当我左手掤化对方右手，以右拳攻击对方腹部时，对方左手反旋採住我右腕。（图527）

2. 我腰裆微右转，右拳回收，左手顺势向前採住对方左腕，同时，右手正旋，缠捌对方左腕关节。（图528）

要领说明：左手採住对方左腕时，要做到松肩沉肘；右手正旋缠拿对方左腕关节时，要右手指领劲，不仅右臂要松肩沉肘，右前臂还要自转螺旋，这就是太极拳所谓的“互为其根”，也就是说在整体上，身体要保持中正。在局部中，右手也要有自转，右臂不可晃动，它也有一个中轴。这就如同一个钟表，其中的大小齿轮很多，但各有自己的转动轨迹一样。

图527

图528

用法二　破左采左下缠腕右手反旋捌腕法

1. 承接上式。当我左手掤化对方右手，以右拳攻击对方腹部时，对方左手反旋採住我右腕。（图529）

图529

2. 我腰裆微右转，右拳回收，左手顺势从下方向前採住对方左腕。左手松肩沉肘，採住对方左腕不变，同时，右手反旋，缠捌对方左腕关节。（图530）

要领说明：这是反旋缠捌对方左腕法。双手在缠捌对方左腕时，要有缠拧螺丝扣的感觉。

图530

用法三　破左採左手下扳左肘右手正旋捌肘法

1. 承接上式。当我左手掤化对方右手，以右拳攻击对方腹部时，对方左手反旋採住我右腕；我腰裆微右转，右拳回收，左手顺势从下方向前扳住对方左肘。（图531）

2. 腰裆右转，左手松肩沉肘採住对方左肘不变，同时，右手正旋，缠捌对方左肘反关节。（图532）

要领说明：双臂要做到松肩沉肘，右手正旋缠捌对方左肘时，要以腰裆发力为主。

图531

图532

【动作二】腰裆左转；双拳向左右沉劲分劈，拳心朝上；目视左前方。（图533）

要领说明：双拳分劈开手时，要松肩沉肘，肩关节要舒展；劈拳砸击时，要沉裆塌劲，力达拳背。

图533

用法一　破左采右腕左上缠右捌腕劈砸面部法

1. 承接上式。当我用掩手肱捶攻击对方腹部，对方左手反旋採住我右腕时，我腰裆微右转，右拳回收，左手顺势向前採住对方左腕，同时，右手正旋，缠捌对方左腕关节。（图534）

2. 若对方左手被我捌拿后，欲腰裆左转，左手反旋想化解我的捌劲时，我右手反採对方左腕向右引劲，同时，左手顺势变拳，崩砸对方面部。（图535）

要领说明：此法是由捌左腕演变为左崩拳的打法，体现了太极拳借势打势的自然规律。双臂要松活、舒展，裆劲要松沉，转换要圆活。

图534

图535

用法二　破左採右腕左上缠右捌腕左肘砸胸法

1. 承接上式。当我用掩手肱捶攻击对方腹部，对方左手反旋採住我右腕时，我腰裆微右转，右拳回收，左手顺势向前採住对方左腕，同时，右手正旋，缠捌对方左腕关节。（图536）

2. 若对方左手被我捌拿后，欲腰裆左转，左手反旋想化解我的捌劲时，我右手反採对方左腕向右引劲，同时，左手顺势屈臂变肘，砸击对方胸部。（图537）

要领说明：此法是左臂的中节打法。运用中节攻击时，要根据距离适中的情况而采用。

图536

图537

用法三　破左採右腕左下缠左肘右捌臂劈砸面门法

1. 承接上式。当我用掩手肱捶攻击对方腹部，对方左手反旋採住我右腕时，我腰裆微右转，右拳回收，左手顺势向前扳住对方左肘，同时，右手正旋，缠捌对方左臂。（图538）

图538

2. 若对方左臂被我挒拿后，欲腰裆左转，左手反旋想化解我的挒劲时，我右手顺势反采对方左腕向右引劲，腰裆左转，左手反旋撤出变拳，顺势崩砸对方面部。（图539）

图539

要领说明：此法与上法不同的是，此动作是在挒拿对方左臂的情况下，用左拳崩砸对方面部，而前式是在挒拿左腕情况下砸击。要做到周身协调一致，沉裆塌劲。

【动作三】腰裆右转；双拳向左前下方螺旋领劲合手；同时，右腿提起向前蹬腿；目视左前方。（图540）

图540

要领说明：这是在对方掤接我的左崩拳时，我右手上前反採，同时，运用右下截腿的招法。右手在反採时，也可以运用挒法，以配合右腿的进攻。

用法　破右採左手右引右刁手右截腿法

1. 承接上式。当我用左劈拳砸击对方面部时，对方用右手封架或採住我的左拳。（图541）

图541

2. 我腰裆右转，左手向右侧引化，右手向前反採住对方右腕，同时，用右下截腿攻击对方右膝或右腿胫骨。（图542）

要领说明：此动作是一个上面採手引劲，下面运用截腿的打法，体现了太极拳上下结合、上虚下实的阴阳法则。

图542

【动作四】腰裆左转，左腿蹬地向左前方跃起进步，右腿随之踏地站稳，双腿成马步站立；同时，双拳向左右沉劲分劈，拳心朝上；目视左前方。（图543）

要领说明：要求周身协调一致，沉裆塌劲，劲力贯穿，完整合一。

图543

用法一　破右採左引右刁手跃步劈拳法

1. 承接上式打法。当我左拳被对方封架后，我左手向左引化，右手顺势抓住对方右腕，以右截腿踢击对方前小腿胫骨时，对方欲抽身后撤，避开我的攻势。（图544）

图544

2. 我腰裆右转，左腿蹬地纵身向前跃起，右手採住对方右腕不变，继续用左拳劈砸对方面部。（图545）

要领说明：这是一招跃步劈拳的追击之法。要求劲力合一，周身协调一致；跃起时，身法不可散乱，劈拳要有韧性的弹抖劲。

图545

用法二　破右採左引右刁手跃步砸肘法

1. 承接上式打法。当我左拳被对方封架后，我左手向左引化，右手顺势抓住对方右腕，以右截腿踢击对方前小腿胫骨时，对方欲抽身后撤，避开我的攻势。（图546）

图546

2. 腰裆右转，左腿蹬地纵身向前跃起，右手採住对方右腕不变，当身体落下时，顺势用左肘砸击对方胸部。（图547）

要领说明：这是此式的中节打法。左肘砸击要有身体下落的松沉劲。

图547

第三十式
右转身裹身鞭

右转身裹身鞭与裹身鞭其实用法大致相同，所不同的是，右转身裹身鞭是对方在退步撤退时使用的打法。在这两式的裹身鞭中，主要是练习劈拳和挂腿的摔法。两式大致有五个劈拳，其实是接左、右手的劈拳打法和接左、右腿的劈拳打法以及挂腿摔法，这五种是此两式的基本攻防技术的概括，其中在对方退守时，包括跃步进身的打法。而在具体的应用中，根据节节的贯穿，又演化出三节的打法和捌法等。当我们清楚地知道了拳法招式的用法后，我们就不会在走架时感到茫然，也就明确了训练方向。

【动作一】腰裆右转180° ；双拳反旋收至腹前，右拳在外，左拳在内成交叉状；同时，右脚微收，脚尖前外旋转；目视左前方。（图548）

要领说明：此法是右转身的右採右拳的捌法，其中包含了缠腕的捌法和身体的掤捌法。此法主要是训练右转身防守身后右拳的攻击之法。

图548

用法　右转身右采右腕左臂捌打法

1. 当身后有人用右拳向我后脑偷袭时，我腰裆右转，右手正旋採住对方右腕。（图549）

2. 我腰裆继续右转，右手採住对方右腕向右后方引劲，同时，随身体右后旋转，以左臂捌打对方右肘反关节。（图550）

要领说明：此法要做到周身协调一致，腰裆转换要圆活，劲力要完整合一。

图549

图550

【动作二】腰裆右转，左腿进步成左偏马步，同时，双拳拳心朝上，从身前正旋开手向两侧分劈；目视左前方。（图551）

要领说明：此法是左挂腿的挤靠摔法。在左腿进步时，要有勾挂之意；双拳向两侧分劈时，左拳要有挤靠的沉劲，右拳要起到採手领劲的作用；注意裆劲要松沉。

图551

用法一　破右拳右采身挒右肘左挤靠左挂腿摔法

1. 承接上式打法。我双手缠拿对方右手，以身体右转的掤劲挒打对方右肘反关节。（图552）

2. 我腰裆右转，右手採住对方右手向右侧引劲，左腿挂住对方右脚后跟向右后勾挂，左手抽出正旋，向左侧挤靠对方上盘，使对方仰摔而倒。（图553）

要领说明：要求手到脚到，上下结合，周身协调一致。武术讲究“手到脚也到，打人方为妙”的外三合。

图552

图553

用法二　破右拳右採左捋跃步左挂腿上切喉摔

1. 当对方进右步出右拳攻击我面部时，我右手正旋，採住对方右腕向右侧引劲，同时，左手反旋，掤住对方右臂，顺势向右侧收肘捋劲。（图554）

图554

2. 如果对方欲抽右手后退，我右手採劲不丢，左腿顺势向前挂住对方右腿，身法跟进，左手顺势借力打力反旋切击对方咽喉，使其仰跌而出。（图555）

要领说明：整个动作要做到内外相合，一气呵成，动作缠绵不断，劲力要完整合一。

图555

【动作三】腰裆左转；双拳反旋交叉合于腹前，拳心向内，左拳在里，右拳在外；目视左侧方。（图556）

要领说明：此法是双手掤接对方右腿的动作。

图556

用法　破右腿右抄腿左捋右拳左肩靠击法

1. 当对方用右蹬腿攻击我腹部时，我右手正旋，向下抄住对方右脚后跟；对方快速出右拳攻击我面部，欲化解右腿之围。（图557）

2. 我腰裆右转，右手勾住对方右脚跟不变，左手反旋，掤住对方右手向右侧捋劲，同时，以左肩靠击对方肋部。（图558）

要领说明：此法是化解对方右腿右拳的攻击之法。要求心中沉静，出手沉稳，以静制动。

图557

图558

【动作四】腰裆右转，右腿盖步向左侧方跃步跳起，同时，双拳正旋向两侧分劈，拳心朝上；目视左前方。（图559）

要领说明：此动作是右手掤接对方右腿攻击的反击法。左手反旋开手时，要做到松肩沉肘，沉裆塌劲，手法要有螺旋缠丝。

图559

用法　破右腿右抄左手捋右拳左转身挂腿摔

1. 当对方用右蹬腿攻击我腹部时，我右手正旋，向下抄住对方右脚后跟；如果对方快速出右拳欲化解右腿之围时，我右手勾住对方右脚跟不变，同时，腰裆右转，左手反旋，掤住对方右手向右侧捋劲。（图560）

2. 腰裆左转，右手勾住对方右脚跟不变，左臂由捋变挤；同时，左腿进步扫踢对方左独立腿，身体随腰裆左转时，左手反旋发力，将对方发放而倒。（图561）

要领说明：左腿扫踢要干净利落；左臂反旋要做到沉劲塌裆；右手勾住对方右脚跟要向上掀抬，使其下盘失去稳定。

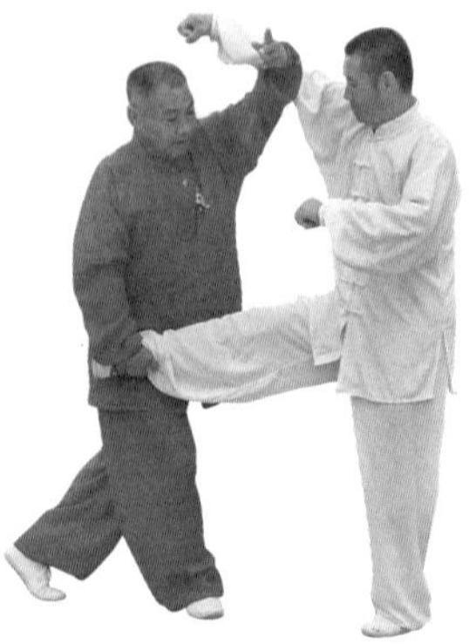

图560

图561

【动作五】腰裆左转；双拳反旋交叉合于腹前，拳心向内，左拳在里，右拳在外；目视左侧方。（图562）

要领说明：此动作是右手掤接对方左腿之法。

图562

用法　破左腿右手正旋掤接左手正旋採左腕右肩靠法

1. 当对方出左蹬腿攻击我腹部时，我右手正旋，向下勾住对方左脚跟。（图563）

2. 如果对方出左拳攻击我面部，欲化解左腿之围时，我右手抄住对方左脚跟不变，左手正旋，向上採住对方左腕，同时，以左肩靠击对方胸部。（图564）

要领说明：左手正旋掤接对方左拳时，身体要做到中正安舒，头劲要上顶，不可佝腰驼背；动作要舒展大方，劲力要饱满。

图563

图564

【动作六】腰裆右转，右腿盖步向左侧方跃步跳起；同时，双拳正旋向两侧分劈，拳心朝上；目视左前方。（图565）

图565

要领说明：此法是右手掤接对方左腿后，对方欲抽身后退的跃步跟进打法，动作要做到周身协调一致，跃步进击时，右手的掤劲不丢，做到粘黏连随。

用法一　破左腿右手正旋掤接左手前碾缠挒右转身别腿摔法

1. 承接上式打法。当对方出左蹬腿攻击我腹部时，我右手正旋，向下抄住对方左脚跟，同时，左手正旋上掤化开对方左拳的攻击。（图566）

2. 腰裆右转，左手向前推掤对方左脚向外侧缠拧挒拿，双手加大对其左脚的外拧劲；同时，左腿进步至对方右腿后侧，将对方别摔而倒。（图567）

要领说明：周身要协调一致，左腿进步时，身体要平稳，不可以有起伏。双手的拧挒要随腰裆右转形成整体的合劲。

图566

图567

用法二　破左腿右手正旋掤接左手前碾缠挒左别腿左肩靠法

1. 承接上式打法。当对方出左蹬腿攻击我腹部时，我右手正旋，向下抄住对方左脚跟，同时，左手向前推掤对方左脚向外侧缠拧挒拿。（图568）

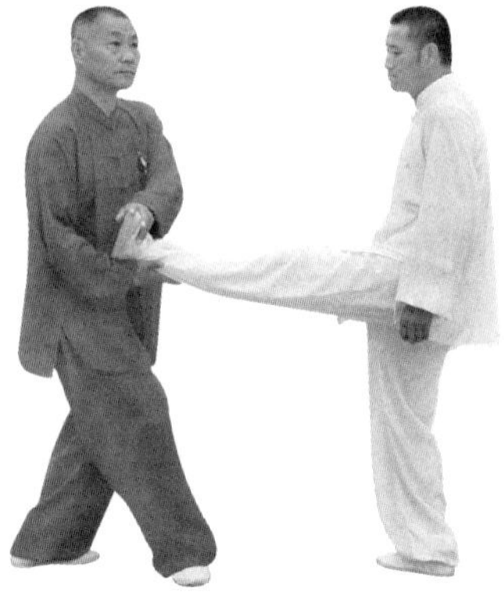

图568

2. 腰裆右转，双手加大对其左脚的外拧劲；同时，左腿进步至对方右腿外侧，顺势用左肩靠击对方胸部，使其仰跌而出。（图569）

要领说明：此法是缠拧对方左脚的肩靠打法。整个动作要协调一致，劲力要完整合一；腰裆转换要圆活。

图569

用法三　破左腿右手正旋掤接左手正旋採左拳左挂腿摔法

1. 承接上式打法。当对方出左蹬腿攻击我腹部时，我右手正旋，向下抄住对方左脚跟；如果对方出左拳攻击我面部，欲化解左腿之围时，我右手抄住对方左脚跟不变，左手正旋，向上採住对方左腕。（图570）

2. 腰裆左转，右手抄住对方左脚跟向左前方掀抬，同时，左手採住对方左腕向左侧引劲，左腿顺势进步扫挂对方右腿，使其仰翻跌出。（图571）

要领说明：左採对方左手的引劲要与右抄腿形成合力。整个动作要协调一致，劲力完整合一，身体保持中正，同时，双臂要松肩沉肘。

图570

图571

第三十一式
兽头式

此式主要是运用左右双肘防守中路兼反击的招法。兽头式的式名，源于古代大门上的两个兽头。武术讲究的是“手是两扇门”，其意义就是以大门扇上的两个兽头，象征性地比喻为左右两个肘头，来防守自己的门户。此招是利用肘法防守反击。此招肘法的运用，体现了太极拳在近身中的灵活多变打法。同时，其技法还可以运用到反擒拿之中，当对方从我身后缠抱住我的后腰时，运用左右肘的虚实来攻击对方的肋部，化解被对方缠抱后腰的危机。

【动作一】腰裆右转；双手反旋向右侧收肘，沉裆塌劲；目视右侧方。（图572）

要领说明：此肘法是化解右侧的拳、腿攻击之法，也可以攻击我右侧的敌人。此法攻防兼备，在螺旋化解对方攻击的同时，要顺势采取肘法的反击。

图572

用法一　右肘化左拳左肘击打胸腹法

图573

当对方进左步出左拳攻击我腹部时，我腰裆右转，以右肘反旋，从上至下向右后方引劲，化解对方左拳的攻击；同时，左肘反旋收肘，随腰裆右转，顺势攻击对方胸腹部位。（图573）

要领说明：要求右肘一化，左肘即打；右肘引劲之时，随腰裆右转，左肘即挨近对方心口或腹部；发力时，左肘力透肘尖，要有螺旋的钻头劲；要注意沉裆塌劲，腰裆转换要灵活。

用法二　右肘化解左高鞭腿左肘攻击法

当对方用左高鞭腿攻击我右侧头部时，我腰裆右转，右手正旋掤化对方右腿的攻势，同时，左手反旋屈肘，以左肘尖撞击对方胸部。（图574）

要领说明：右手正旋掤化对方右鞭腿攻击，在掤接时，要有引化的劲，不可以生接硬架。

图574

用法三　破后捆腰右肘撞击右肋法

当对方从我身后用双手连同我双臂一起抱住时，我立即沉裆塌劲，双手领劲下旋，以双臂下旋力掤化松动对方的双臂，同时，腰裆迅速右转，以右肘向右后方撞击对方右肋。（图575）

图575

要领说明：在对方抱住我后腰的一刹那，一定要做到沉裆塌劲，目的是降低重心，用身体的松沉劲控制对方不使其抱起我身体；另外，双手下旋领劲，不仅加大了沉劲下旋力，同时还松动了对方双臂的箍抱力，以利于我右肘的反击。

用法四　破后抱腰右肘反旋捌臂法

1. 当对方从我身后紧紧抱住我的后腰时，我立即沉裆塌劲，同时，右手掤住对方右肘外侧。（图576）

2. 腰裆右转，右手掤住对方右肘反关节反旋外碾，捌打对方右肘关节。（图577）

要领说明：在腰裆右转时，身体要有自转的缠丝劲；另外，右手反旋时，还要有松沉的下旋劲，用右臂的缠丝牵动对方右臂向下，从而被我右臂捌打。

图576

图577

【动作二】腰裆左转；双手反旋向左侧后，沉裆塌劲；目视左侧方。（图578）

要领说明：此肘法不仅是化解左侧的拳、腿攻击，同时还可以攻击我左侧的敌人。此法攻防兼备，在螺旋化解对方攻击的同时，顺势采取肘法的反击打法。另外，此肘法与右肘又成虚实呼应，当我以右肘攻击右侧之敌，对方欲向我左侧躲闪时，我迅速用左肘迎击对方，使其无法逃避。

图578

注：由于左式与右式相同，只列举两个抱腰的动作，其他动作打法省略。

用法一　破后捆腰右虚左实打法

1. 当对方从我身后连同我双臂一起抱住时，我沉裆塌劲，腰裆右转，双手领劲下旋，掤化开对方的双臂，同时，腰裆右转，用右肘向后撞击对方右肋。（图579）

2. 对方见我右肘攻到，身体向左侧躲闪时，我立即腰裆左转，以左肘撞击对方左肋。（图580）

要领说明：这是左右肘法的虚实打法，它体现了太极拳阴阳变化的规律。腰裆转换要圆活，双肘发力要沉猛。

图579

图580

用法二　破后抱腰右挒左肘撞击面部法

1. 当对方从我身后紧紧抱住我的后腰时，我立即沉裆塌劲，同时，腰裆右转，右手掤住对方右肘处反旋外碾，挒打对方右肘关节。（图581）

2. 对方受到我右臂的挒劲后，抱腰的双手必定会松动，并且身体一定会向左侧偏移，这样，我腰裆迅速左转，左肘顺势向左后方撞击对方面部。（图582）

要领说明：这是双肘的连续打法。要求周身协调一致，腰裆转换要圆活。

图581

图582

第三十二式 劈架子

此式是我防守对方拳脚的攻击后，右拳采取劈崩之势攻击对方的面部，若对方出手招架，我就由实变虚成引手，右手顺势粘黏反採回带，与左手形成㧚打之势。拳法中，被称之为“出手是拳，回手如钩”，指的就是此意。如果对方不出手招架，我右拳就是实手进攻，这就是拳法所谓的虚虚实实，虚实结合。此式的打法，如同兵法中的围城打援。此法要注意右手的粘黏劲不能丢，要做到粘连黏随，方可不与敌手脱离。左手向上的豁打要有螺旋劲，左拳要有钻头劲，同时，还要做到头劲上顶，沉裆塌劲。

【动作一】接上式。腰裆右转；左手反圈成採手式收手至左腋下，掌心朝下，同时，右拳随身体右转向右前方螺旋崩劈；右腿顺势回挂，收到左脚右前方处；目视右拳。（图583）

要领说明：此法是左手反旋收手化劲，右拳螺旋劈崩配合右耙腿的打法。右拳在出手时，要有螺旋的拧钻力，右腿在耙腿回挂时，要紧贴地面。

图583

用法一　破右拳左掤化右挂腿右钻拳打法

1. 当对方进右步出右拳攻击我胸部时，我腰裆左转，左手反旋，向左侧掤化对方右拳。（图584）

2. 接上动。我右腿勾挂住对方右前脚跟向回耙拉，同时，右拳螺旋向前击打对方面部。（图585）

要领说明：右拳的出击要有钻头劲；右腿勾挂回带要有耙劲，也就是说：就像农民在大山上用耙子搂草一样，拖在地上走，不可抬起。

图584

图585

用法二　破右拳左采右抱臂右挂腿右肩靠击法

1. 当对方进右步出右拳攻击我胸部时，我腰裆左转，左手反旋，採住对方右拳向左侧掤化，同时，右手顺势缠抱住对方右臂。（图586）

图586

2. 腰裆左转，双手抱住对方右臂形成捌劲，右腿顺势勾挂缠住对方右腿，同时，右肩借势向前撞击对方胸口。（图587）

要领说明：双手抱住对方右臂的捌劲，要与右腿的缠挂以及右肩的靠击同时进行，做到周身协调一致，劲力完整合一。

图587

用法三　破左拳左采右耙腿右手捌肘法

1. 当对方进左步出左拳攻击我胸部时，我腰裆右转，左手反旋，掤化採住对方左拳向左侧收肘引劲，同时，右手掤住对方左臂。（图588）

2. 腰裆微左转，左手採劲不变，右手在对方左臂上顺势捌打对方左肘；同时，右腿挂住对方左脚跟向后回挂，使其失去平衡而摔倒。（图589）

要领说明：此法是採对方左手的捌肘挂摔法。要求做到上下结合，整体协调一致。

图588

图589

【动作二】右拳变採手回收至腹前右下方，同时，右脚随即回收至左脚后震脚发力，左腿随即上步成小弓步；左手随上左步之时变拳，从下向上螺旋豁击，拳眼向后，高与眼齐。（图590）

图590

用法一　左採右拳右崩拳右手反採右震脚左捌肘

1. 承接上式打法。我左手掤化对方右拳的攻击，用右勾拳攻击对方面部，如果对方出左手掤化我右拳，我右脚回挂对方右腿。（图591）

2. 我腰裆右转，右手反採对方左手回带，同时，右脚迅速撤回震脚跺击对方右脚面，左手快速从对方左臂下进入捌打对方左肘关节。（图592）

要领说明：此式打法要做到手法粘连黏随、劲力缠绵不断；同时，右脚的勾挂也要有听劲，做到腿法的粘黏。从此招我们就能更加懂得，太极拳为什么提出周身处处都要有掤劲了。

图591

图592

用法二　左采右击右手反采变左手下挒法

1. 承接上式打法。当我左手掤化对方的右拳，出右勾拳攻击对方面部时，对方出左手掤化我的右拳。（图593）

2. 我腰裆右转，右手反缠对方左手向右后侧方引劲，同时，沉裆塌劲，左手向前掤住对方左肘，形成挒拿之势。（图594）

要领说明：此法是一个引手的反擒拿法。要求手法做到粘连黏随，周身协调一致，劲力完整贯穿。

图593

图594

用法三　左采左拳右崩拳变右掤挒肘法

1. 当对方进左步出左拳攻击我面部时，我左手反旋，采住对方左手向左侧引劲，同时，右腿进步至对方左腿外侧，出右崩拳砸击对方面部；对方腰裆左转，右手正旋采住我右拳。（图595）

图595

2. 我腰裆右转，右手採住对方右手向右侧引劲，同时，左臂顺势放松，随身体右转掤捌对方右肘反关节。（图596）

要领说明：此捌法属借力打力之法，对方右採的劲力越大，就越会增加我的右捌之势。此法要做到松肩沉肘，沉裆塌劲，腰裆转换要圆活，身体要有自转的掤劲。

图596

用法四　左採左拳右崩拳变右脚前内旋缠捌法

1. 当对方进左步出左拳攻击我面部时，我左手反旋，採住对方左手向左侧引劲，同时，右腿进步至对方左腿外侧，出右崩拳砸击对方面部；对方腰裆左转，右手正旋採住我右拳向其右侧引化。（图597）

2. 我腰裆左转，左手採住对方左手向左后侧引劲，右手领劲螺旋，以身体掤住对方左臂；同时，右脚前内旋转，顺势缠拿对方左腿足三里穴。（图598）

要领说明：此法要做到周身协调一致；右手要有螺旋的领劲，右脚前内旋转时，要有向下的缠丝劲。

图597

图598

用法五　破右蹬腿右崩拳变右手反採左挤靠摔

1. 当对方用右蹬腿攻击我腹部时，我腰裆左转，左手反旋，从内侧勾住对方右脚跟向左侧引劲，同时，以右崩拳向对方面部砸击；对方用左手掤住我的右崩拳。（图599）

2. 我腰裆右转，右手反採对方左手向我右后方引劲，同时，右手採劲不变，左手松开对方右腿，左腿向前进步，左手顺势向前变螺旋挤靠，使对方还没站稳脚跟，就被我右採左挤的劲力挤摔而出。（图600）

要领说明：此式左手的挤劲要有钻头的螺旋劲，周身要听住对方的劲力，做到随机而动，自然而然。

图599

图600

第三十三式
翻花舞袖

此式的翻花舞袖与前面的翻花舞袖练法不同，其用法也不相同。前式的用法是跳转身的捋法；而此式的用法是调换身法、步法后，运用按法。在新架的一路、二路拳法中，有很多的式子是重复的招法，而很多练家子都认为拳架的走势基本相同，用法也一样，这就大错特错了。我们不妨大胆设想一下，太极拳先贤们在创编太极拳时，一路中有七个单鞭，二路炮捶掩手肱捶就有六个，而这两个式子就占据了整个套路的十分之一，为什么？绝不可能是老祖宗们没有东西编了，才凑合套路的长短吧？如果不是如此，那么就是说明此招法的复杂化和其独特的重要性，需要不同的模拟演练，才能完全展现此招法不同的特殊用法。所以，我在编写二路炮捶时，更加细致、深刻地研究了所有重复招式的特殊用法和不同意义，旨在能给众多的太极拳爱好者一个新的启迪。

此式是承接上式的用法。在我运用挒法攻击对方左臂或右臂之时，如果对方运用左右採手化解我的挒劲后，我一手採手引化对方劲力的同时，另一手以按劲攻击对方。若对方化解我的攻击，我则跳转步法，调整身体的角度，继续运用按法攻击。

【动作一】腰裆左转；左手正旋採手向左侧引劲；左脚回收至右脚内侧，同时，右腿向右前方进步；右手顺势向前螺旋按击；目视左前方。（图601）

要领说明：此动作本是两个分解动作，但根据讲解的需要，我将两个动作合并为一个动作。此法主要练习身法、步法的转换和调整身体进攻的角度，要求做到周身协调一致。

图601

用法一　破右拳右採左挒右肘跳转步法变左採右按法

1. 当对方出右拳攻击时，我右手採住对方右腕，左臂从左侧挒打对方右肘关节；对方左手抓住我左腕，破坏我的挒劲。（图602）

2. 我腰裆左转，为了改变进攻的角度和方向，左腿向后撤步，同时，左手反採对方左腕向左侧引劲，右腿向右前方进步，右手顺势与左手合力向前按击对方胸部。（图603）

要领说明：左右步法的调换要做到轻灵快捷，沉稳不乱，要求做到轻而不浮，沉而不僵；左手在反採对方左腕时，不可因步法的调整而丢劲，做到粘连黏随。

图602

图603

用法二　破左拳右採左捌左肘跳转步法变左掤右按法

1. 当对方出左拳攻击时，我右手採住对方左腕，左臂从对方左臂下穿入，收肘捌打对方左肘关节；对方腰裆左转，左手反旋，化解我的捌劲。（图604）

2. 我腰裆左转，左腿向右后撤步，左手放松变正旋掤缠对方左手；同时，右腿进步，调整身法，右手顺势配合左手，合力按击对方胸肋。（图605）

要领说明：左右步法的调换要做到轻灵快捷，双手也要做到不丢不顶，缠绵连随；步法、身法跳转时，要保证身法不散，步法不乱，身体中正安舒，发力要顺遂自然。

图604

图605

用法三　破右拳右採左捋变左採右捌法

1. 当对方出右拳攻击我时，我右手採住对方右腕，左手捌劲，如果，对方左手採住我左腕，右手运用捋劲攻击我。（图606）

图606

2. 我左腿退步，腰裆左转，左手顺势反採对方左腕向左侧引劲，同时，右手顺势向左侧捌打对方左肘反关节。（图607）

要领说明：此式步法的跳转，是化解我左手被採捋的破解之法。步法在转换时，左臂要做到放松，手法要做到粘连黏随，周身协调一致。

图607

【动作二】腰裆右转；右手正旋採手向右侧引劲，右脚回收至左脚内侧；同时，左腿向左前方上步；左手顺势向前螺旋按击。（图608）

要领说明：此动作与上以动作相反，主要是化解我右臂被採捋的破解反击之法。

图608

用法一　破左拳左採右捋跳转身变右手反採左按法

1. 对方用左拳攻击我腹部，我左手採住对方左腕，右手捋劲；对方右手反採我右腕向其右侧引劲。（图609）

2. 假设对方劲力快疾，迫使我无法形成腰裆转换时，我右腿退步，左腿快速向左前跳跃，化解对方的捋势。（图610）

3. 腰裆左转，右手反採对方右腕向右前方掤按，左手顺势与右手按劲形成合力，将对方推按而出。（图611）

要领说明：步法的跳转要轻灵快捷，这是在身法无法转换时，利用步法的调整来化解对方的捋势。右臂要做到松肩沉肘。

图609

图610

图611

用法二 破左拳左採右捋跳转身变右手反採左肘击打法

1. 当对方出左拳攻击我，我左手採住对方左腕，右手捋劲；对方右手採住我右腕向其右侧引劲，左手反捋右臂。（图612）

2. 假设对方劲力快疾，我无法形成腰裆转换时，我右腿退步，左腿快速向左前跳跃，化解对方的捋势；同时，右手反採对方右腕向右前方掤按，左肘顺势豁击对方心口。（图613）

要领说明：这是化解对方的右採左捋后，运用肘法的攻击。以此体现了太极拳的变化多端、灵活运用的法理。

图612

图613

第三十四式
掩手肱捶（按击法）

这是二路拳中的第三个掩手肱捶。此式是在前式的基础上调换步法之后，以双手的按劲变化来运用右拳攻击。也就是说，此式的掩手捶是按中带打的变化用法。我们在练习此式的掩手肱捶时，就要明确知道在我运用按法时，不管对方是右採左捋或腰裆向左侧转换还是腰裆向右转换掤化我的双手按劲，我都可以借势以右拳攻击对方的腹部；同时，还可以运用肘、肩的三节打法，如此，才可称为深谙太极拳的阴阳变化和知晓拳法的节节贯穿之理。

此掩手肱捶是在运用右採左按时，对方腰裆转化破解我的按劲后，我借势运用右拳击打对方腹部的有效方法。

【动作说明】腰裆左转；左手掌心朝前掤劲不变，右掌自转反旋变拳；右脚蹬地发力，螺旋向前出击；目视右拳方向。（图614）

图614

用法　破右拳右採左按变左捋右肘击打法

1. 我右手採住对方右腕，正旋掤缠封住其右臂，左手控制对方右肘使用按法；对方腰裆右转，右手反採我右手，左手反旋欲采用捋法。（图615）

2. 我腰裆左转，左臂松肩沉肘，松掤对方右臂，另外，右手握拳，反旋缠掤对方右腕，化解对方的採势；同时，沉裆塌劲，以右肘螺旋迎击对方胸腹部位。（图616）

要领说明：此法是我双手运用按劲时，对方欲采用右採左捋之势反击我的攻势，而我顺势出右肘，随对方腰裆右转，正好迎击对方胸部。此法是掩手肱捶在太极拳八法其中之一变化的中节打法，其右拳、右肩、右胯等梢节和根节打法略。

图615

图616

第三十五式
伏虎

“伏虎”的命名，源于其实战的用法。此式运用左、右手的反旋收捋的挒臂拿法，同时配合肘法的攻击而得名。寓意为：即使对方像猛虎一样凶猛，在我挒臂的擒拿法和肘法攻击之下，也能被我降服。此式在演练中分左右两式的练法。左、右手的收肘，要缠掤住对方胳膊，在收捋中，要有缠挒的作用；以肘法攻击对方胸部时，要做到沉裆塌劲，保持身体的中正。

【动作一】腰裆继续左转；右手变掌反旋向前插掌，掌心朝右后方向，同时，左掌反旋向左后开手，掌心朝后；目视右侧前方。（图617）

图617

要领说明：双手开手时，身体要保持中正，同时，要做到沉裆塌劲。

用法一　破左手抓右腕反缠解脱法

1. 承接上式打法。当我用右拳攻击对方胸部时，对方用左手採住我的右腕。（图618）

图618

2. 我腰裆左转，右手领劲反旋向外侧插掌，化解对方左手的揪抓。（图619）

要领说明：右手反旋插掌时，要做到右指领劲，同时，要做到松肩沉肘，沉裆塌劲，腰裆转换要圆活。

图619

用法二　破左手抓肩右手反缠捌拿法

1. 当对方用左手揪抓我的右肩时，腰裆左转，右手反旋，从对方左臂上缠掤，向内侧领劲插掌，掤化对方的左手。（图620）

2. 腰裆右转，右臂内侧黏住对方左臂，右臂松肩沉肘，反旋缠捌住对方左臂向回收肘，以螺旋劲捌拿对方左臂肘关节。（图621）

要领说明：右臂要做到松肩沉肘。在收肘时，要做到肩领肘、肘领手的节节贯穿。

图620

图621

【动作二】腰裆右转；右手反旋，向右胸前螺旋收肘，同时，双腿成马步；左手反旋收肘掤于左侧前方。（图622）

要领说明：此式是右手反缠对方左臂收捋、左臂屈肘击打的动作；要求做到周身协调一致，身、手、步合一。

图622

用法　破左拳右手缠捩左臂左肩靠击胸部法

1. 当对方进左步出左拳攻击我面部时，我腰裆左转，右手反旋缠住对方左手。（图623）

2. 腰裆右转，右手缠住对方左手向右胸前收捋，同时，左臂放松，用左肩靠击对方胸部。（图624）

要领说明：这是此式的中节打法，要求做到节节贯穿，腰裆转换要圆活，手法要做到不丢不顶。

图623

图624

【动作三】腰裆继续右转；右手向右侧沉肘反旋，同时，左手反旋收肘至胸前；步法不变，目视前方。（图625）

要领说明：左手反旋收肘时，要做到先收肘、后收手；同时，左手粘黏劲不丢。

图625

用法　破双手抓肩右掤左手反旋捌臂法

1. 当对方用双手抓住我双肩时，我右手掤住对方左臂，腰裆右转，左手从对方右臂上反旋领劲穿插。（图626）

2. 腰裆左转，右手掤劲不变，左手领劲反旋，缠住对方右臂向回收肘，捌打对方右臂反关节。（图627）

要领说明：此法在摔跤或散打纠缠中常常出现，要做到双臂松肩沉肘，左手穿插要手领肘、肘领肩。

图626

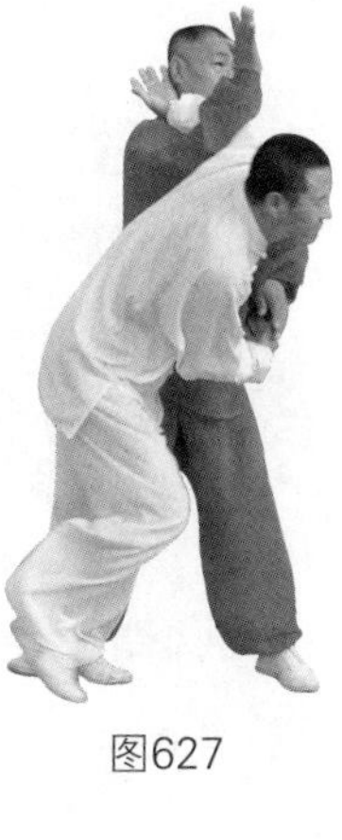

图627

【动作四】腰裆左转；左手反旋，沉肘下碾至左肋旁，同时，右手反旋收肘于胸前，拳心朝后，沉裆塌劲；目视前方。（图628）

要领说明：右肘在击打时要做到松肩沉肘，沉裆塌劲。

图628

用法一　破右拳左手反旋挒右臂右肘撞击法

1. 当对方进右步出右拳攻击我上盘时，我腰裆左转，左手反缠对方右臂，从对方右臂下穿进缠绕，随之腰裆右转，挒拿住对方右臂。（图629）

2. 腰裆左转，左手挒劲不变，沉裆塌劲，右臂屈肘向前撞击对方胸腹部位。（图630）

要领说明：要求身体协调一致，腰裆转换要圆活，做到松肩沉肘，沉裆塌劲。

图629

图630

用法二　破右拳左手反旋捌右臂右肩靠击法

1. 当对方进右步出右拳攻击我上盘时，我腰裆左转，左手反缠对方右臂，从对方右臂下穿进缠绕，随之腰裆右转，捌拿住对方右臂。（图631）

2. 腰裆左转，左手捌劲不变，沉裆塌劲，以右肩靠击对方胸口部位。（图632）

要领说明：此法是破右拳左捌臂的根节打法。做肩靠时要沉裆塌劲，做到中正安舒，不倚不靠。

图631

图632

第三十六式 抹眉肱

抹，其意手法就像抹桌子一样。在中国摔跤中，就有抹眉子、抹脖、撑抹等招法。而在太极拳中，抹眉肱劲路的运使，与中国摔跤大致相同，有攻有守，不仅可以采取主动进攻，也可以在被动情况之下采取防守反击。此招法说明了手法的劲力运用要恰到好处，轻重得宜。另外抹眉的手法在运用时往往配合腿法同时进行，效果更佳。此法主要是配合身法攻击对方头部，从而轻易达到破坏对方平衡的目的。此法阴阳的变化，不仅分左右的进攻，也有正面和侧面的攻击。

【动作一】腰裆右转，步法不变；右拳反旋收肘至腹前，拳心朝下，同时，左拳向前崩拳砸出，拳心朝后；目视左拳。（图633）

要领说明：右手反旋收肘时，要做到肩领肘、肘领手；左崩拳击打时，不仅要有爆发力，还要做到松活弹抖，重心要稳定。

图633

用法一　破左拳右捋变左崩拳砸击面部法

1. 当对方进左步出左拳攻击我胸部时，我腰裆左转，右手收肘以右前臂下旋掤化其左拳来势。（图634）

2. 腰裆右转，右臂掤住对方左拳向右侧引劲；同时，左拳快速以崩拳砸击对方面部。（图635）

要领说明：右臂在化解对方左拳时，要做到顺势引化；左拳崩砸，要有松活弹抖的爆发力。

图634

图635

用法二　破右拳右下挒左崩拳砸击头部法

1. 当对方进右步出右拳攻击我胸部时，我腰裆微右转，右臂屈肘反旋掤接对方来拳向右后方引化。（图636）

图636

2. 腰裆加大右转，右肘掤住对方右臂向右下方反旋引化；同时，左拳变崩拳砸击对方面部。（图637）

要领说明：此法是破右拳进中门的崩拳打法。若对方来势凶猛，右臂在掤接时，要做到含胸拔背；左崩拳在砸击时，要做到松活弹抖，要有一种鞭劲。如果崩拳过于刚硬，击打点就会落空，往往达不到攻击的效果和目的。

图637

【动作二】腰裆左转；左手反旋收至腹前，右手正旋开手；同时，右腿向前跳跃向左转体180°，左腿随身体旋转落于右腿后侧成自然步站立；目视前方。（图638）

要领说明：身体向前跳跃时，要做到轻灵快捷，转体要平稳，重心要稳定。

图638

用法一　破右拳右采左崩拳变左采跳转身右手反旋摔

1. 当对方出右拳攻击我面部，我右采运用左崩拳攻击对方面部时，对方以左手掤住我的左拳。（图639）

2. 我左手反采对方左手腕向左引化，右腿顺势向前跃步跳起，转身落于对方身后，右手掤住对方胸部向右后方反旋，使其失去平衡而摔出。（图640）

要领说明：跃步跳转要轻灵；右手反旋要与腰裆劲力合一，右臂要松沉。

图639

图640

用法二　破右拳右采左崩拳变左采跳转身右抹切喉踢摔

1. 当对方出右拳攻击我面部，我右采运用左崩拳攻击对方面部时，对方以左手掤住我的攻势。（图641）

图641

2. 我左手反採住对方左手向左侧引劲，右腿向前跃步跳起，转身落于对方身后，右手顺势变掌砍击对方咽喉；同时，右脚扫踢对方左腿，使对方仰跌而倒。（图642）

要领说明：跃步跳起要轻灵快捷，右腿扫踢要紧擦地面。

图642

用法三　左崩拳左引跳转身右抹眉膝顶命门锁喉法

1. 当对方出右拳攻击我面部，我右採运用左崩拳攻击对方面部时，对方以左手掤住我的攻势。（图643）

2. 我左手反採住对方左手向左侧引劲，右腿向前跃步跳起，转身落于对方身后，右腿提膝顶住对方命门穴；同时，右手顺势从后侧扣住对方双目。（图644）

要领说明：此法是反採对方左手跳转身后的擒拿之法。右手在锁扣时，要有反旋向内的缠丝劲，要求松肩沉肘；右膝顶住对方腰际时，左腿要有松沉劲，身体要保持平稳，做到中正安舒，不偏不倚。

图643

图644

用法四　破右拳左採右手夹脖上把搵别摔

1. 当对方进右步出右拳攻击我面部时，我腰裆左转，左手正旋採住对方的右腕，向左侧引劲；同时，右腿进步至对方裆前，左腿随之向身后插步，右手缠抱住对方脖颈，填腰进胯。（图645）

2. 腰裆继续左转，左手採住对方右臂向左引劲；同时，右手用力上提左转，以右胯为支点，将对方别摔而出。（图646）

要领说明：右手夹抱对方头部时，右手一定要有螺旋的领劲。腰胯一定要松活，身体要保持平稳。

图645

图646

用法五　破右拳左採右下把搵别摔

1. 当对方进右步出右拳攻击我面部时，我腰裆左转，左手正旋採住对方的右腕，向左侧引劲；同时，右腿进步至对方裆前，左腿随之向身后插步，右手领劲缠抱住对方后腰，填腰进胯。（图647）

图647

2. 腰裆继续左转，左手採住对方右臂向左引劲，右手用力上提左转，同时，以右胯为支点，将对方摔出。（图648）

要领说明：右手缠抱对方后腰时，要有螺旋和领劲；身体左转别摔时，右手尽量向上走螺旋，使对方身体上浮，以便破坏对方身体稳定，利于别摔。

图648

用法六　破右拳左採跳转身双手抱右臂别摔

1. 当对方进右步出右拳攻击我面部时，我腰裆左转，左手正旋採住对方的右腕，同时，向左侧引劲。（图649）

2. 左手採住对方左手向左侧引劲，右手顺势缠抱住对方右臂，左脚点地，右腿向对方裆前跃步跳起，左腿随之向身后插步；落地后，右腿顺势向右外侧碾脚，缠别住对方右腿，双手缠抱住对方右臂，腰裆加大左转，将对方别摔而倒。（图650）

要领说明：双手抱住对方右臂别摔时，身体要有缠丝劲。

图649

图650

用法七　破右拳左採右手正旋抹脖右踢摔法

1. 当对方进右步出右拳攻击我面部时，我腰裆左转，左手正旋，採住对方的右腕向左侧引劲；同时，右手正旋，向前搂住对方脖颈。（图651）

图651

2. 腰裆右转，左手採住对方右腕向左前方推掤，右手採住对方脖颈向右侧掤按；同时，右脚向前截踢对方右腿迎面骨，使对方仆抢而倒。（图652）

要领说明：此法是进中门的抹脖摔法。右臂要做到松肩沉肘，腰裆转换要松活；身体要保持中正，要做到以腰为轴；右手要有下抹的缠丝劲。

图652

用法八　破右拳左采右手抓头飞膝撞击面部

1. 当对方进右步出右拳攻击我面部时，我腰裆左转，左手正旋，採住对方的右腕向左侧引劲，同时，右手正旋，向前抓住对方头部。（图653）

图653

2. 腰裆左转，左手採住对方右腕继续向左侧引劲，右手抓住对方头部向下捋按；同时，左脚点地，身体跃起，以右膝撞击对方面部。（图654）

要领说明：右手採按对方头部，一定要与右膝的撞击相合，这是武术的外三合的具体体现。要做到周身协调一致，劲力合一。

图654

第三十七式
右单云手

右单云手，主要是练习右手的活步单云手动作。此式在训练中，以太极拳的八法掤、捋、挤、按、採、挒、肘、靠为实战核心，围绕对方的左右拳、腿的攻防为宗旨；同时，根据不同的情况，配合步法的变化而采取不同的进攻和防守的态势。

右单云手共有五个基本动作，是三次收捋、两次出手的动作。在这里分别是根据太极拳八法的规律变化，练习右手在步法进、退情况下的掤、捋、挤、按、採、挒、肘、靠八法的运使。右单云手反复的练习，看其外表的动作仿佛是反复重复，其实是在深刻地体会太极拳八法在不同状态下的运用法则。在走架之时，从外表看，左手按于腹前不动，只是右手在划圈，其实，左手是採手，在一个固定点上，不需要大幅运动。所以，我们每一个练拳者不要只看其拳形的表象，只有深刻地体会到拳理拳法的要义，才可能使我们的修炼不误入歧途，少走弯路。

【动作一】腰裆左转；左手在腹前，掌心朝内按于丹田；右脚向后撤退小半步；同时，右手向左侧收肘捋劲，收于右胸前；目视右前方。（图655）

要领说明：此动作主要是练习右手的捋法。在实际的运用中，捋法不仅可以对付左、右拳法，也可以化解左、右的腿法。

图655

用法一 破右拳击打面部右手收捋引化法

图656

当对方进右步出右拳攻击我面部时，我腰裆左转，右手反旋，从内侧掤住对方右臂向左侧引劲掤化，使对方右拳走空。（图656）

要领说明：此法是踏中门的右手化解法。在太极拳中，有的大师提出：“右手管右半边身，左手管左半边身。”根据我多年对太极拳的研究，不认为此结论正确。在实际的交手中，虚实变化莫测，不是用常规的法则能衡量的！此法的运用就打破了这句言论的束缚，间接论证了此言论的谬误性。

用法二 破左蹬腿退步右手下勾手左捋法

当对方用左蹬腿攻击我腹部时，我右腿向后撤退半步，避开对方的来势；同时，右手反旋，向下抄住对方左脚跟。（图657）

要领说明：右手在勾接对方左脚跟时，要做到右臂松肩沉肘；如果对方来势较猛，右腿可以微向后退闪，避其锋芒，但注意不要撤退太远而使自己脱离了对手，造成无法及时反击的现象。

图657

【动作二】腰裆右转，右腿向右侧方进一大步，左腿随后跟进小半步，左前脚掌着地；同时，左手不变，右手向右侧正旋开手；目视右前方。（图658）

要领说明：此动作主要是练习右手的挤法。

图658

用法一　破左拳右捋变右手挤靠法

1. 承接上式打法。当对方出左拳攻击我的面部时，我腰裆左转，右手反旋，掤接对方左手来拳，顺势向左侧捋劲；对方左手借势反旋，化解我的捋劲后，左手向我胸部挤靠。（图659）

2. 我腰裆右转，含胸引化对方的挤劲；同时，用右前臂掤住对方胸部，右手指领劲螺旋，沉裆塌劲，以右手反旋的螺旋劲将对方挤靠而出。（图660）

要领说明：右手的掤劲始终不丢，要做到粘连黏随，不丢不顶；右臂挤靠时，要做到右指领劲螺旋；另外，要沉裆塌劲。

图659

图660

用法二　破右拳左採右内缠捋进步右挤摔法

1. 当对方进右步出右拳攻击我面部时，我腰裆左转，左手正旋，採住对方右手顺势向左侧引劲，同时，右手反旋，挒住对方右臂内侧向左收捋。（图661）

图661

2. 若对方欲抽身后撤，我立即腰裆右转，左手採劲不变，右腿借势进步至对方右腿后侧；同时，右手顺势向前从对方左肩之上穿出，右手指领劲，将对方挤摔而倒。（图662）

要领说明：此法在运用右手内捋时，如果对方来不及做出反应，我就顺势而捋摔，若向后撤退，随即进步别腿挤靠摔。此法体现了太极拳阴阳的变化之理和借力打力的精髓。右臂在挤靠摔时，要注意松肩沉肘，裆劲要下塌，右手指一定要做到领劲螺旋；右臂的挒点要在对方左肩之上。

图662

用法三　破左蹬腿右捋变进边门挤摔法

1. 当对方用左蹬腿攻击我腹部时，我含胸引劲，腰裆左转，右手正旋，向下抄住对方左脚跟向左侧引劲，同时，左手从对方左腿内侧接替右手继续向左引劲。（图663）

图663

2. 腰裆右转，左手勾接对方的左腿掤劲不丢，右腿向对方身后快速进步；同时，右手顺势向前反旋掤住对方胸部，沉肘挤劲，使对方失去平衡而仰跌。（图664）

要领说明：此法在散打中要快如闪电，有时候不需要左手的掤接，只要右手向左侧一捋之后，右腿就快速进步，同时，右手挤劲便到；右手的一收一出，只在眨眼之间。

图664

用法四　破右蹬腿右捋变进中门挤摔法

1. 当对方用右蹬腿攻击我腹部时，我含胸引劲，腰裆左转，右手正旋，向下抄住对方左脚跟向左侧引劲，同时，左手从对方右腿外侧接替右手继续向左引劲，缠住对方左腿。（图665）

2. 腰裆右转，左手勾接对方的右腿掤劲不丢，右腿向前快速进步；同时，右手从对方左肩上穿出，右指领劲螺旋，将对方挤摔而倒。（图666）

要领说明：右手的挤劲要做到松肩沉肘，领劲螺旋；腰裆转换要圆活，裆劲要松沉下来。

图665

图666

【动作三】腰裆左转，左腿向左侧撤退一大步，右腿随之退后小半步成右高虚步；同时，右手向左侧收肘捋劲；目视右前方。（图667）

要领说明：此动作主要是练习右手的捌法。

图667

用法一 破左拳攻击面部右手正缠收捌法

1. 当对方进左步出左拳攻击我面部时，我腰裆右转，右手正旋，从内侧掤住对方左拳。（图668）

2. 腰裆左转，右手领劲向外旋转一周，向下缠捌对方左臂，以右手的缠丝劲捌拿对方的左臂肘关节。（图669）

要领说明：右手的掤劲不丢，要做到粘连黏随，右手从接手到缠捌，都要有领劲。

图668

图669

用法二 破左拳左採右手收肘捌法

1. 当对方进左步出左拳攻击我面部时，我腰裆左转，左手正旋，从对方左手外侧採住对方左腕，同时，右手反旋，掤住对方左臂领劲向左前方捌打。（图670）

图670

2. 腰裆继续左转，左手採住对方左手向左侧引劲；同时，右腿进步插至对方裆前，右手顺势掤住对方左臂，收肘捌打对方的左臂肘关节。（图671）

图671

要领说明：右臂在捌打对方左肘关节时，要做到收肘不收手，就是在运用捌法时，右手螺旋外碾，右肘螺旋回收；同时，要沉裆塌劲，松肩沉肘。

用法三　破右高鞭腿左掤右捌膝别摔法

1. 当对方用右高鞭腿踢击我左侧头部时，我腰裆左转，左手反旋，左臂从下缠掤接住对方的右腿。（图672）

2. 腰裆继续左转，右腿进步至对方裆前，左腿顺势向左后撤步，调整身体的角度，以加大旋转力；左臂缠掤住对方右腿不变，右臂反旋掤住对方右腿膝关节，沉劲螺旋收肘，将对方捌摔在地。（图673）

要领说明：身体左转时，要配合步法、身法的调整，做到周身协调一致，劲力合一。

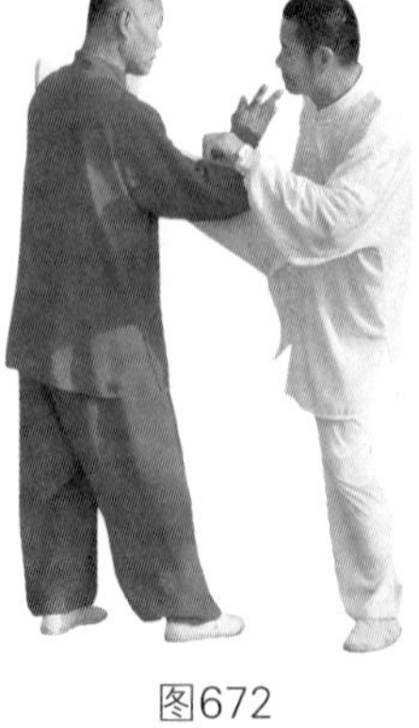

图672

图673

【动作四】腰裆右转，右腿向右侧继续进一大步，左腿随之跟进小半步，左前脚掌着地；同时，左手不变，右手向右侧正旋开手；目视右前方。（图674）

要领说明：此动作主要是练习右手的单掌按法。

图674

用法　破右拳右手正旋掤化右掌按击法

1. 当对方进右步出右拳攻击我面部时，我腰裆右转，右手正旋，掤化对方的右拳来势。（图675）

2. 腰裆左转，右臂的掤点微微放松引化，但掤劲不丢，同时，右手指领劲继续正旋向前，掤住对方胸部，沉裆塌劲，以爆发力按击对方胸部。（图676）

要领说明：右掌在向前按击时，右臂一定要做到松掤，就是在右臂放松的情况之下，还要有掤劲；如果右臂做不到放松，右臂的掤点就会受力，右掌按击就会受阻。另外，右臂的掤点如果没有掤劲，右掌在按击时，对方就会迅速后撤回防，达不到按击的目的。所以，太极拳在应用时不仅要放松，同时掤劲更不能丢。这话听起来似乎矛盾，其实不然，也许这就是太极拳很难懂的原因之一吧。此法与收肘不收手的理法也许有共同之处，很多人不能理解在收肘捋

图675

图676

劲和捌劲的情况之下，手指还要做到螺旋前出，这好像矛盾，而且还不可思议。这些技术的广泛运用，也许就是太极拳奥妙之所在吧。

【动作五】腰裆左转，左腿向左侧退一大步，右腿随之退后小半步成右虚步；同时，右手向左侧收肘捋劲；目视右前方。（图677）

图677

要领说明：此法主要是练习右肩的靠法和右肘用法。

用法一　破右拳攻击面部右手收捋肩靠法

1. 当对方进右步出右拳快速攻击我面部时，我腰裆左转，左腿向左后方撤步，右腿随之滑步撤退小半步，避开对方来拳；同时，右手反旋，从对方右臂内侧掤缠，向左侧捋劲。（图678）

2. 如果对方右拳走空，右臂被我右手的缠丝劲带动向前倾斜失重之时，我右腿顺势进步至对方裆前；同时，沉裆塌劲，以右肩靠击对方胸部。（图679）

要领说明：右肩在靠击时，要做到沉裆塌劲，身体保持中正；右肩不需往前勉强去撞击，只要进步沉裆塌劲即可。如果右肩故意探出，往往会失去重心。拳谚曰："打人须上步。"就是这个意思，只要身法到位，肩部微动，即有战果。

图678

图679

用法二 破右拳右捋滑步退掤右膝撞击裆部法

1. 当对方进右步出右拳攻击我胸部时，我左腿向后退步，右腿随之向后滑小半步，避开对方猛烈攻势；同时，右手反旋，掤住对方右臂内侧，顺势向左侧引劲。（图680）

2. 若对方右臂被我右手的螺旋劲带动时，我右腿迅速提起变膝，撞击对方裆部。（图681）

要领说明：整个动作要做到一气呵成；右膝在攻击对方裆部时，右手的掤劲不丢。

图680

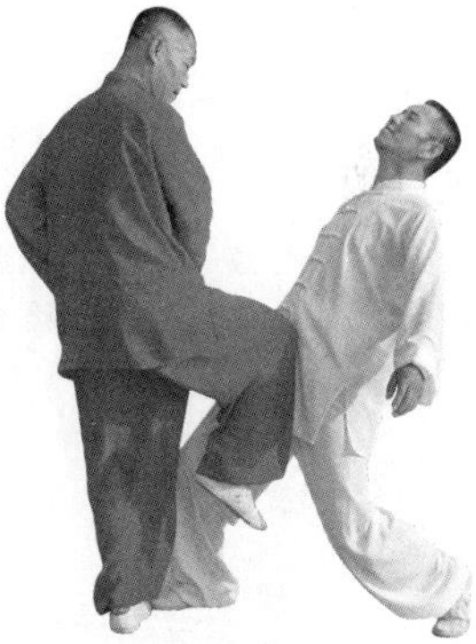

图681

用法三 破右拳右捋滑步退掤右弹腿击打裆部

1. 当对方进右步出右拳攻击我胸部时，我左腿向后退步，右腿随之向后撤滑小半步，避开对方猛烈攻势；同时，右手反旋，掤住对方右臂内侧，顺势向左侧引劲。（图682）

图682

2. 如果对方欲抽身回撤之时，我右手掤劲不丢，右腿迅速提起，以右弹腿直击对方裆部。（图683）

要领说明：右腿的弹击是右腿三节中梢节的打法。在这里，我想提醒大家的是，太极拳的实战用法，不仅仅是手法的圆活运转，同时也包含了腿法的攻击。其实，每一个手法的运用之中都配合有腿法的攻击，此论即是：攻上必取下，攻左必防右，这就是阴阳。此论可能有很大一部分练太极拳者不能接受，但我还要郑重说明，能用手法攻击的同时，在散打中，就要提防腿法的进攻，能使用胯打，就说明也能用膝撞或腿攻，这是腿法的三节，不能忽视和偏废！

图683

然而，现在练太极拳者，大多把推手当作了太极拳技击的本质，使太极拳越练越萎缩，致使很多习拳者成为了死练拳或练死拳！拳法的宗旨在于举一反三、融会贯通，希望大家能活学活用，才是拳法之宗旨。

第三十八式
拗步斩手

斩手，顾名思义，就是含有砍的意思。我们一般在走架时，往往都是以缠绵不断为主导，通常没有体现斩手的意图。但在实际的运用中，一定要清醒地认识到斩手的真实意图和用法，不要把斩手当作粘黏中的普通挒法，要体现在缠绵之中的冷脆劲。

拗步斩手，基本分为左拗步斩手和右拗步斩手。通常把右腿在前，运用左手斩砍的手法叫“右拗步斩手”，相反地，左腿在前，用右手斩砍的叫“左拗步斩手”。

此式主要是练习右手被採后的反击之法。但在实际的演练中，我们也可以根据太极拳的阴阳变化举一反三，练习左手被採后的用法。此法主要是运用被採的右手作为掤劲的支点，以左手粘黏听其劲路的变化，在得机得势之时，以冷脆的爆发力斩其右手腕关节或肘关节。

【动作说明】腰裆右转；右手在胸前正旋採手自转收于腹前；右脚前外旋转，左腿跟步在右腿后侧成歇步；同时，左手反旋，向右侧按击斩手；目视左掌。（图684）

要领说明：此法是右採左挒斩手的动作。要求做到劲力顺达，动作顺遂，周身协调一致。

图684

用法一　破解右手抓右腕右手正缠左手断肘法

1. 当双方右腿都在前，右手相搭，对方用右手採住我右腕时。（图685）

2. 我腰裆右转，右手反採住对方右腕，向我右侧拧旋引劲，同时，左手向前掤住对方右肘关节，沉劲下碾，其肘必遭重创。（图686）

要领说明：右手反採向右侧引劲时，右手要有螺旋的缠拧劲，拧转对方右臂成背势；左手在捌打对方右肘反关节时，要做到松肩沉肘；左手指要有螺旋的领劲。

图685

图686

用法二　破右手抓右腕右手反採捌拿左手斩臂法

1. 当双方右腿都在前，右手相搭，对方用右手採住我右腕时。（图687）

2. 腰裆右转，右手反採住对方右腕向右侧引劲，当右手引劲感觉到对方右臂僵硬后，右腕微塌，将捌劲传导到对方右肩，以右手单捌住对方整个右臂，同时，左手向前斩砍对方右臂，对方右肩关节必受重伤。（图688）

要领说明：右手单捌的劲力一定要感受到能控制整个右臂，劲力要通达到对方肩关节；左手斩砍要做到松肩沉肘。

图687

图688

用法三　破右拳右採左挒左膝挒臂擒拿法

1. 当对方进右步出右拳攻击我面部时，我腰裆右转，右手採住对方右腕向我右侧引劲，左手反旋掤住对方右臂向右侧掤捋。（图689）

2. 腰裆加大右转，右手採劲不变，左手收肘沉肘掤挒；同时，左膝提起，以左膝顶住对方右肩甲骨，将对方紧紧锁住。（图690）

要领说明：此法是增加左腿的挒劲来擒拿对方的招式，要做到周身协调一致。

图689

图690

第三十九式
左单云手

左单云手与前面的右单云手动作恰恰相反。此式虽然比右单云手多了一个双手开手的动作，但从宏观上看，实用之法与右单云手一样，是练习左手在步法进、退情况之下掤、捋、挤、按、採、挒、肘、靠的八法运用。太极拳的每一个圆圈其实都包含了太极八法的运用，但在练习中，不可能在一个动作中能将八法体会得淋漓尽致，所以，为了加深理解，将云手动作反复练习，加以细致、具体的体会和理解。故此，二路拳的左、右单云手和左、右双云手都是反复训练的式子，这就说明这些式子复杂化的程度，也更加说明这些动作的特殊性和重要性。很多人都认为是没有必要的重复动作，其实不然，望习此拳者能多加揣摩，用心推敲。

【动作一】腰裆右转；左手随腰裆右转向右侧收肘捋劲；同时，左腿向左侧进步，右手不变；目视左前方。（图691）

要领说明：此法是左捋左进步肩靠、胯打的动作。此法深刻彰显了太极拳退即是进、进即是退、防中有进、攻中有防的阴阳法理。

图691

用法一　破右拳退步左捋进步左肩靠击法

1. 当对方进右步出右拳攻击我面部时，我腰裆右转，左手反旋，从外侧掤接对方来拳，同时向右侧收捋引劲。（图692）

2. 接上动。左手掤劲不丢，粘黏住对方右手；同时，左腿向对方右腿后侧进步，以左肩靠击对方右腋下肋部。（图693）

要领说明：此法是练习左单云手的捋劲后的进步肩靠法。在瞬息万变的激战中，往往来不及採手，在实战中，往往一触即发，此法就是练习左手的快速应变和反击能力。

图692

图693

用法二　破右拳退步左捋进步左肘撞击法

1. 当对方进右步出右拳攻击我面部时，我腰裆右转，左手反旋，从外侧掤接对方来拳，同时向右侧收捋引劲。（图694）

图694

2. 接上动。左手掤劲不丢，左腿向对方右腿后侧进步；同时，以左肘撞击对方右肋。（图695）

要领说明：右手收捋的掤点要有粘黏劲，在左肘撞击时，左前臂还要有掤劲。

图695

【动作二】腰裆左转；右掌心按于丹田不变，左手随腰裆左转向左侧正旋开手；同时，左腿向左侧进步，右腿随之跟进小半步；目视左前方。（图696）

要领说明：此法是左手正旋开手配合步法的防守、进攻之法，在定步云手的基础上添加了活步的练习，使左单云手更加机动灵活、变化莫测。此法在这里专门练习进步的挤法。

图696

用法一　破右拳左捋左进步左挤上缠别摔法

1. 当对方进右步出右拳攻击我面部时，我腰裆右转，左手反旋，掤住对方来拳向右侧引劲。（图697）

图697

2. 腰裆左转，左腿向对方右腿后侧进步；同时，左手向对方的左肩上方领劲穿插挤靠，以松沉的螺旋劲将对方挤靠别摔而倒。（图698）

要领说明：此动作是左进步的挤靠别摔之法。要求做到左手的粘连黏随，手到脚到，上下相随，周身协调一致。

图698

用法二　破左拳左捋左进步走边门左挤摔法

1. 当对方进左步出左拳攻击我面部时，我腰裆右转，左手反旋，从上方掤住对方左臂，同时，向左侧收肘引劲。（图699）

2. 接上动。左手掤劲不变，左腿向对方左腿后侧进步；同时，左手领劲向前，从对方右肩上穿出，松肩沉肘，以螺旋的领劲将对方别摔而倒。（图700）

要领说明：此动作是走边门破左拳的进步挤别摔。要求做到左臂松肩沉肘，领劲螺旋；同时，要做到沉裆塌劲；左腿缠别对方左腿时，要有螺旋缠丝。

图699

图700

【动作三】腰裆右转；左手向右侧胸前收肘捋劲，右手不变；同时，右腿向右侧退步，左腿随之撤退小半步，左脚前脚掌着地成左高虚步；目视左前方。（图701）

图701

要领说明：此动作是练习退步的左手捋法。在瞬息万变的实战中，拳法技术的运用在于存乎一心，能在进、退、转、侧、收、纵的千变万化中，沉静自若，从容应敌，把太极拳的技术淋漓尽致地发挥出来，这就是拳法所应该训练的基本素养。

用法　破右手抓左肩退步左捋法

1. 对方以右手抓住我左肩。（图702）

2. 我腰裆右转，右腿向后侧退步；同时，左手反旋缠住对方右臂，收肘向右侧领劲，使对方失去重心前倾而倒。（图703）

要领说明：此动作是破抓肩的反擒拿捋法。要求左臂松肩沉肘；向右侧捋劲时，要做到肩领肘、肘领手；同时，腰裆要松活。

图702

图703

【动作四】腰裆左转；右掌心按于丹田不变，左手随腰裆左转向左侧正旋开手；同时，左腿向左侧进步，右腿随之跟进小半步；目视左前方。（图704）

要领说明：此法主要练习左手的单手按劲法。左手在按击对方时，要做到松肩沉肘，沉裆塌劲。

图704

用法　破右拳左手正旋进边门左掌锁喉法

1. 当对方进右步出右拳攻击我面部时，我右腿向后撤步，左腿随之后退小半步以减弱对方的攻势；同时，左手正旋，向上掤化对方右手来拳。（图705）

2. 我腰裆右转，左腿进步至对方右腿后侧；同时，左手成八字掌，螺旋向前锁掐对方咽喉。（图706）

要领说明：左臂要做到松肩沉肘，掤点处要有掤劲；左掌锁喉时与螺旋前进中，还要做到放松，这就是太极拳所要求的不丢不顶。

图705

图706

【动作五】腰裆右转；左手向右侧胸前收肘捋劲，右手不变；同时，右腿向右侧退步，左腿随之后退小半步，左脚掌着地成左高虚步；目视左前方。（图707）

要领说明：此动作主要练习左单手的捌劲。左手在运用捌法时，要做到领劲螺旋，先收肘，后收手，以肩领肘、肘领手，做到节节贯穿。

图707

用法一　破右手抓肩左内缠收肘捌肘法

1. 对方用右手抓住我左肩。（图708）

2. 我腰裆右转，左手反旋，从对方右臂上向下、向外缠捌住对方右臂，随腰裆右转，收肘捌拿对方右肘反关节。（图709）

要领说明：此法是收肘的螺旋捌法。左手反缠从内向外缠捌对方右臂的擒拿法。左臂要做到松肩沉肘，同时，要做到肩领肘、肘领手的收肘螺旋。

图708

图709

用法二　破右手搂脖左手反旋缠捌法

1. 对方用右手搂住我脖颈。（图710）

2. 我腰裆右转，左手反旋，从对方右臂上向下、向外缠捌住对方右臂，随腰裆右转，左手领劲螺旋捌拿对方右肘反关节。（图711）

要领说明：此法与上法不同，是左手领劲螺旋的捌法。在左手捌打对方右肘反关节时，要松肩沉肘；同时，做到手领肘、肘领肩。

图710

图711

【动作六】腰裆左转，左腿向左侧进一大步，沉裆塌劲，成马步；同时，左手正旋向左侧开手，右手正旋向右侧开手，双手同时正旋向身体两侧平开，松肩沉肘；目视左前方。（图712）

图712

要领说明：此动作主要是练习左手的肘法运用。此式的肘法是由上向下的砸肘法。此式在出手时，要做到手领肘、肘领肩的节节贯穿，手法的击打或左肘的砸击，要做到左臂的松肩沉肘。

用法一　破右拳左手正旋掤化进左步左掌砍颈法

1. 当对方进右步出右拳攻击我面部时，我腰裆左转，左手正旋，从对方右臂内侧螺旋掤化对方来力。（图713）

2. 腰裆右转，左腿进步向前；同时，沉塌裆劲，左掌领劲螺旋，继续向前劈击对方的右侧颈部。（图714）

要领说明：左手掤化来拳和进步劈击对方颈部要一气呵成；另外要做到沉裆塌劲。

图713

图714

用法二　破右拳左手正旋左进步左肘砸击胸部法

1. 当对方进右步出右拳攻击我面部时，我腰裆左转，左手正旋，从对方右臂内侧螺旋掤化对方来力。（图715）

图715

2. 左手掤劲不丢，左腿进步至对方右腿后侧，随之腰裆右转，身体贴紧对方右肋，左臂顺势屈肘沉劲向下砸击对方胸部。（图716）

要领说明：左肘在向下砸击时，要做到松肩沉肘，左臂放松；左肘要有螺旋劲。

图716

用法三　破左拳右採进步左掌砍击锁骨法

1. 当对方进左步出左拳攻击我面部时，我腰裆右转，右手正旋，採住对方左腕，同时向右侧引劲。（图717）

2. 腰裆左转，左腿进步至对方裆前；同时，右手採劲不掉，左掌顺势向前砍击对方左肩锁骨。（图718）

要领说明：周身要协调一致；左掌砍击时，要做到肩领肘、肘领手的收肘螺旋劲；左掌砍击要有沉劲，裆劲要松沉。

图717

图718

第四十式
左冲

左冲，即向左侧撞击的意思。此式在实战中是运用双手的捌劲和捋劲等法控制对方上肢，而后采取左腿和左膝的攻击打法。此法加大了腿法的打击力度，但是，双手的缠捌控制也是左腿攻击成败的关键所在。在左腿出击时，右独立腿要站稳，保持身体的中正安舒；左腿、膝的击打，要有松活弹抖的爆发力。

【动作一】腰裆右转，左腿向右侧收步回撤成左虚步；同时，双手向内反旋到腹前成交叉状，右手在下，左手在上；目视左前方。（图719）

要领说明：此动作主要是双手的正旋缠锁对方的双臂；另外，左腿在收腿时，不要以为就是退步的蓄劲。拳法的真谛都是防中有攻，攻中有防。太极之所以是阴阳的变化，就是虚则实之，实则虚之，虚虚实实。所以，左腿收腿回撤，也是挂腿攻击之法，望大家谨记于心。

图719

用法　破抓双肩双手正旋缠掤左挂右腿摔法

1. 当对方右腿在前，用双手抓住我双肩之时，我腰裆右转，双手正旋，从对方两臂内侧领劲向上，缠挒、锁拿住对方双臂。（图720）

图720

2. 腰裆继续右转，双手的缠挒劲不变，左脚勾挂住对方右脚跟，随腰裆右转，向右侧回挂耙拉，同时，双手缠挒领劲向左前掤发，对方必仰跌而倒。（图721）

要领说明：双手在缠挒时，双臂要做到松肩沉肘，同时，要做到手领肘、肘领肩；左脚勾挂时，要有粘黏劲，腿法不宜过高；如果对方右脚抬起欲回撤，我左脚粘黏劲不丢，要做到粘连黏随。

图721

【动作二】腰裆继续右转；双手自转正旋缠掤；重心转换到右腿，左腿顺势提膝；目视左前方。（图722）

要领说明：身体重心在转换到右腿时，身体要保持平稳中正，同时，右腿要有松沉劲；左膝提起要做到胯带膝、膝领脚，这是左腿的三节。武术中，不仅手法要做到节节贯穿，腿法也要做到节节贯穿。

图722

用法一　破双按双手正旋缠挒右引左膝撞击法

1. 当对方左腿在前，以双掌来按击我胸部时，我腰裆左转，双手正旋，从内侧向上开手掤化来势。（图723）

2. 我腰裆右转，双手领劲向外、向下缠锁住对方双臂，同时，双手缠住对方两臂向右引化，左膝顺势提起，撞击对方小腹或裆部。（图724）

要领说明：双臂领劲缠锁对方双臂时，要松肩沉肘；左膝撞击时，要以胯领劲，以膝领脚，做到节节贯穿；另外身体要保持平衡稳定，松沉裆劲。

图723

图724

用法二　破搂脖右膝攻双手缠掤提左膝掤化摔法

1. 对方双手搂住我的脖颈，以右膝大力撞击我的小腹或裆部。（图725）

2. 我双手从外侧缠掤住对方两臂，含胸收腹；同时，左膝快速提起，从外侧掤化对方右膝的攻击。（图726）

3. 左膝掤住对方右膝向前掤化引劲；同时，腰裆左转，左手掤劲微松，右手领劲螺旋，借势向左侧方掤发，使对方向其右侧失去重心而摔出。（图727）

要领说明：左膝的掤化，犹如收捋之法，这是腿法的掤化捋法。双手掤发时，左手一定要放松，让对方突然感觉力无所依；左膝粘黏劲不丢，在右手螺旋掤发时，左膝成为支点，要有缠掤的别摔劲 。

图725

图726

图727

用法三　破搂脖左膝攻双手缠挒左提膝右掤摔法

1. 对方双手搂住我的脖颈，以左膝大力撞击我的小腹或裆部。（图728）

2. 我双手从外侧缠捌住对方两臂，含胸收腹，引化对方的膝攻；同时，左膝快速提起，从对方左膝外侧反旋，向左掤化对方左膝的攻击。（图729）

3. 腰裆右转，左膝的掤劲不丢，右手採住对方左臂向右侧引劲，同时，左手螺旋领劲向右前方引发，使其失重而倒。（图730）

要领说明：此法是化解左膝的攻击掤化之法。此动作要做到上下相随，内外相合，周身协调一致。

图728

图729

图730

【动作三】腰裆微左转；双手变拳正旋向两侧分劈，右拳心朝内，高与眼齐，左拳心朝上，低于腰平；同时，左脚向左侧蹬踹；眼看左拳。（图731）

要领说明：右腿独立时，身体要做到平稳中正，沉裆塌劲；左拳向左侧崩砸，要有松活弹抖的劲；左腿的蹬踹，要做到脚领膝、膝领胯的节节贯穿，出击要有弹性劲。

图731

用法一　破双按双手正旋缠掤左腿踹击胸部法

1. 当对方右腿在前，出双掌按击我胸部时，我腰裆右转，双手从下向上从内侧正旋採住对方两臂。（图732）

2. 同时，左腿顺势提起，踹击对方胸部。（图733）

要领说明：双手上掤採拿，要做到松肩沉肘，沉裆塌劲；左腿侧踹，要有弹性的爆发力；在腰裆右转时，要松活圆转，不可僵滞。

图732

图733

用法二　破右拳正旋掤化左截腿踢击法

1. 当对方右腿在前，出右拳攻击我面部时，我腰裆左转，左手正旋，向上掤採对方右臂。（图734）

2. 我腰裆右转，重心转换到右腿站稳，左腿提起踹击对方右膝关节和右小腿迎面骨。（图735）

要领说明：左腿在截击时，要有弹性的爆发力；重心要保持稳定，身体要平稳；肩部不要起伏摇摆；右独立腿要有松沉劲。

图734

图735

第四十一式
下双撞捶

下双撞捶，顾名思义，就是双拳向下撞击的意思。前辈们原来在讲解此式时，只是一个分解动作，而在这里，为了更细致地说明此招式，我将其分解为两个动作。此动作从其外表看虽然简单，但细细推敲，其中不仅仅含有挤法，也有肘法、靠法以及腿法的掤化和摔法等。在这里我还想重复提醒大家的是，学问这东西，要想研究好，不可以囫囵吞枣、走马观花；拳法也是如此，往往看似一个简单的动作，就能阐明其规律的变化，常常揭示一些深奥的哲理，这就是人们常说的“大道至简”。

双手要做到粘连黏随。此式在防守中，不仅仅是双手的捋、挒、缠、锁，同时，左腿的正旋转换，也有防守。太极拳的每一个动作的演变，都有虚实的变化和攻防的转换，这就是阴阳，即太极也。

【动作一】承接上式。双拳向腹前回收，交叉于胸前；同时，腰裆左转，左腿随腰裆左转，提膝收脚反旋向左侧掤转；目视左前方。（图736）

要领说明：周身要协调一致。此式手法不仅要做到粘连黏随，腿法也要有粘黏劲。此动作是练习左脚的钻头劲和左腿的缠丝掤劲，配合手法，从而达到挤靠对方的目的。

图736

用法一　破双手抓肩左脚前内旋挂右脚右掤摔法

1. 当对方右腿在前，用双手紧抓我双肩时，我腰裆右转，双手反旋，从外侧缠掤住对方两臂，螺旋领劲前掤；同时，左脚勾挂住对方右脚跟，顺势向后勾挂。（图737）

2. 如果对方右腿抬起，化解了我的勾挂时，我腰裆左转，左脚的掤劲不丢，左腿螺旋领劲前钻，左臂放松，右手顺势领劲向左前方螺旋掤发，对方必向我左侧摔倒无疑。（图738）

要领说明：双臂要做到放松，身体要中正安舒；右手的螺旋掤发，是手法的阴阳虚实变化，腰裆的转换要松活，左腿要右螺旋的钻头劲。

图737

图738

用法二　破双手抓肩左脚前外旋缠捌右腿掤摔法

1. 当对方右腿在前，用双手紧抓我双肩时，我腰裆左转，双手反旋，从外侧缠掤住对方两臂，螺旋领劲前掤；同时，左脚从内侧前外旋，缠住对方右脚跟。（图739）

图739

2. 腰裆左转，左脚加大前外缠的缠丝劲，锁拿住对方右腿内侧膝关节；同时，左手放松，右手领劲螺旋，向左前方掤发。（图740）

要领说明：左脚前外缠时，要以脚跟为轴，身体重心在右腿上；当左脚缠丝劲锁定对方右腿后，身体要下沉，重心转换到左腿；腰裆转换时，要注意转胯松腰。

图740

用法三　破双手抓肩左脚前内旋缠捌左腿拿法

1. 当对方左腿在前，用双手紧抓我双肩时，我腰裆右转，双手反旋，从外侧缠掤住对方两臂，螺旋领劲前掤；同时，左脚向前内旋缠住对方左腿。（图741）

2. 腰裆加大右转，左腿缠捌住对方左腿内侧膝关节不变，右手放松，左手掤住对方右臂，领劲向右前方螺旋掤发。（图742）

要领说明：左腿缠捌对方左腿时，要以左前脚掌为轴；左手掤发时，腰裆转换要圆活，左手要做到领劲螺旋。

图741

图742

【动作二】腰裆加大左转，左脚向前正旋落步，脚尖向外摆；同时，沉裆塌劲，右拳在上，左拳在下，拳心朝上成交叉状，双拳正旋向左前挤靠；目视右前方。（图743）

图743

要领说明：此动作是练习左脚的前外缠丝，配合右肩、右肘的挤靠打法。要求手的三节和左腿的缠丝相配合，达到周身的协调一致和身法、手法、腿法的高度统一。

用法一　破双手抓肩左脚前外旋右肩挤靠摔法

1. 当对方右腿在前，用双手紧抓我双肩时，我腰裆左转，双手反旋，从外侧缠掤住对方两臂；同时，左脚前外旋，缠住对方右腿。（图744）

2. 腰裆加大左转，左脚前外旋缠住对方右腿膝关节；同时，双手向内侧领劲下旋，以右肩靠击对方胸部，对方必仰倒而出。（图745）

要领说明：左脚前外旋要缠住对方右腿，使其右腿无法转换；右肩靠击时，右臂一定要做到松肩沉肘；重心要稳定，做到不依不靠。

图744

图745

用法二　破双手抓肩左脚前外缠锁拿右腿双按法

1. 当对方右腿在前，用双手紧抓我双肩时，我腰裆左转，双手反旋，从外侧缠掤住对方两臂；同时，左脚前外旋缠住对方右腿，用膝盖外缠挒拿住对方右腿膝关节。（图746）

2. 腰裆右转，左脚掤住对方右脚跟不变，双手变掌，随腰裆右转按击对方胸部。（图747）

要领说明：此动作是练习左脚的前外旋缠挒法。左脚不仅要有缠丝劲，还要有粘黏劲。双手按击要做到松肩沉肘，沉裆塌劲。

图746

图747

用法三　破双手抓肩左脚前内缠挒变右肘盖砸法

1. 当对方右腿在前，用双手紧抓我双肩时，我腰裆右转，双手反旋，从外侧缠掤住对方两臂；同时，左脚前内旋，锁拿缠挒住对方右小腿。（图748）

图748

2. 腰裆左转，左脚前外旋转，以左小腿肚掤住对方右腿不变，右手领劲反旋插进，化掉其左臂，同时，顺势用肘盖砸对方面部。（图749）

要领说明：左腿从勾挂到后掤螺旋碾脚，要做到缠绵不断，一气呵成。

图749

用法四　破双手抓肩左脚前内缠挂右脚变前外旋挤摔

1. 当对方右腿在前，用双手紧抓我双肩时，我腰裆右转，双手反旋，从外侧缠掤住对方两臂；同时，左脚向前内旋缠住对方右腿跟向回勾挂。（图750）

2. 如果对方劲力过大，无法挂其右腿令其失去平衡的话，我左脚顺势前外旋转，变为用左小腿肚掤住对方右腿，同时，腰裆左转，以右臂的螺旋挤劲，将对方挤摔发出。（图751）

要领说明：此动作是挂对方左脚的踏步挤法。身体要做到协调一致，左脚要有粘黏的掤劲。

图750

图751

用法五　破双手抓肩左腿前内缠捌右引左挤摔

1. 当对方右腿在前，用双手紧抓我双肩时，我腰裆右转，双手反旋，从外侧缠掤住对方两臂；同时，左脚前内旋，锁拿缠捌住对方右小腿。（图752）

2. 腰裆右转，左脚缠掤劲不变，右手放松掤劲，同时，左手螺旋前碾，使对方失去平衡而倒摔出。（图753）

要领说明：腰裆转换要圆活；左脚前内旋转要有粘黏劲；双手要做到虚实分明。

图752

图753

第四十二式 右冲

右冲，与左冲动作相反，是练习右腿的防守反击之法。在右腿攻击对方时，双手要做到控制对方上盘，以达到右腿有力攻击的目的。此式与左冲要领相同，唯方向相反。

【动作一】腰裆左转；双拳反旋，拳心向内；同时，右腿向左腿后收脚跟步，成右歇步；目视右前方。（图754）

要领说明：此动作主要是练习双手的反擒拿法或在双手反擒拿时运用肩、肘的靠击之法。

图754

用法一　破双手抓腕双手反缠跟步右肘打法

1. 对方左腿在前，用双手分别抓住我的双腕。（图755）

2. 我双手反旋向左，腰裆左转，右臂随腰裆左转时挪挤住对方左臂，同时，沉裆塌劲，以右肘撞击对方胸部。（图756）

要领说明：此两式的破解之法是根节和中节的打法。此式要根据对方的站位而做出具体的应对措施。

图755

图756

用法二　破双手抓肩双手反缠左採右捌左肘法

1. 当对方左腿在前，用双手抓住我双肩时，我腰裆右转，右手缠住对方左臂，同时，左手从对方左臂下穿入，挪住对方左肘。（图757）

图757

2. 我腰裆左转，右手採住对方左臂向右侧引劲，同时，左手收肘向左捌打对方左肘反关节。（图758）

要领说明：此法是破解抓双肩的反擒拿法。左臂捌打对方左肘反关节时，要以腰裆发力带动右臂的捌劲，劲力要做到完整合一。

图758

【动作二】双手微向左侧引劲；右腿提膝，左腿成独立腿站稳；目视右前方。（图759）

要领说明：此动作是双手在上面的揪拿、右膝的击打和右脚的挂腿之法。动作要做到协调一致，重心稳定。

图759

用法　破双手抓肩双手反缠锁拿双臂右膝击打胸肋法

1. 对方左腿在前，用双手揪抓我双肩。（图760）

2. 我腰裆左转，双手反旋，从上向下锁拿住对方双臂；同时，提右膝直击对方左肋。（图761）

要领说明：此右膝击打左肋之法，是对方左腿在前时的防守反击打法。此法与上式的打法属于阴阳的变化，上式是进中门撞击对方裆部，而此式是走边门击打对方肋部。身体要做到中正安舒。

图760

图761

【动作三】腰裆右转；双拳反旋向两侧崩砸，拳心向内；同时，右腿向右侧蹬踹；目视右脚方向。（图762）

要领说明：此动作是上打下截腿的攻上取下打法。要求做到外三合，手与脚合，周身要协调一致。

图762

用法一　破左手抓肩右手反缠锁拿变右跺脚右崩拳打法

1. 当对方左腿在前，用左手揪抓我右肩时，我腰裆左转，右手反旋，从上向下锁拿住对方的左臂；同时，右脚跺击对方左脚面。（图763）

2. 腰裆右转，右拳反旋，向上崩砸对方面部。（图764）

要领说明：右脚跺击要有松沉劲；右拳崩砸，要做到松肩沉肘；左独立腿站立要稳定，腰裆转换要圆活。

图763

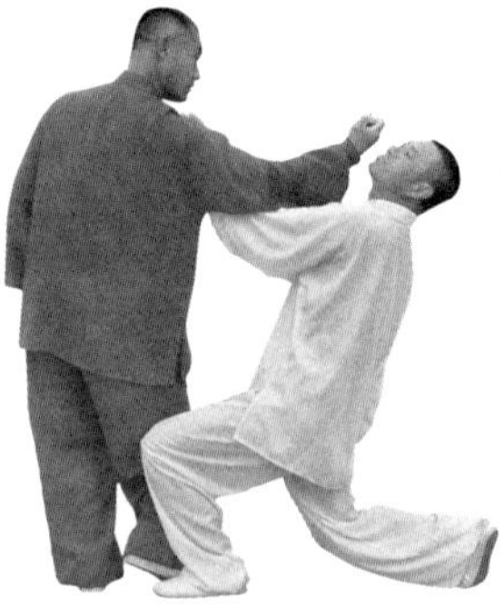
图764

用法二　破抓右腕右手捌拿右侧踹右掌反盖打法

1. 当对方右步在前，用右手抓我右腕时，我腰裆右转，左手掤住对方右肘，同时，右手正旋，缠捌对方右腕。（图765）

图765

2. 我双手掤挒劲不变，右腿抬起踹击对方左膝；同时，右手反掌顺势向前攻击对方面部。（图766）

要领说明：右手缠挒对方左腕时，要有正旋缠丝劲；右拳击打时，要螺旋进击，但对其左手的掤挒劲不丢。

图766

用法三　破左拳左採右捋变右崩拳砸面部右截腿击打法

1. 当对方进左步出左拳攻击我面部时，我腰裆左转，左手正旋，掤採住对方左腕向左侧引劲；同时，右手反旋，掤住对方左臂向左侧捋劲。（图767）

图767

2. 腰裆右转，左手採劲不丢，右手变拳反旋崩砸对方面部；当对方右手防守面部之时，我右腿迅速截击对方左膝或胫骨。（图768）

要领说明：此法指上打下，右拳要有松活弹抖的崩炸劲；右腿截击时，要有松沉的碾轧力。

图768

第四十三式
海底翻花

此式的命名，意喻发力的气势如同狂风席卷着大海，就像从海底翻卷而起的浪花一样。由此，此式的用法和发力的方向以及达到的效果不言而喻。所以，我们在演习、探究古拳法的内涵时，要全方位、细致、深刻、一丝不苟地去体会，只有这样，祖先留下来的宝贵文化遗产才不至于随着时间的流逝，在我们这一代手里越传越丢失，越传越萎缩，不仅谈不上很好地去继承，更别说发扬光大了。

此式是在承接右蹬腿的基础上见招拆招的连续攻击法。此招主要是训练在对方採住我右腕时，我右手正旋和反旋的掤缠挒劲。当我运用崩拳砸击对方头部时，如果对方起手招架，我顺势引化其掤劲，以缠丝劲掤住其手臂，迅速用左手挒打对方的肘关节；同时，配合右膝的防守和进攻，采取打法、擒拿以及各种摔法。

【动作一】腰裆左转；双拳反旋，从胸前向内、向下引劲；同时，右腿回收提膝，成左独立步；目视右前方。（图769）

要领说明：双拳回收是向内引化对方的掤劲，当我右崩拳砸击对方头部时，对方若用右手掤採我右拳，我顺势向内侧引劲；假设对方被我引进，右腿顺势收腿变膝，撞击对方小腹或裆部。

图769

用法一　破左手抓右腕右手反旋左引右膝击肋法

1. 当对方右腿在前，以右手抓住我右腕时，我腰裆左转，右手反旋，向腹前下方领劲引化，化解对方的揪抓。（图770）

2. 我右臂掤住对方身体，随腰裆左转时，右膝顺势提起，撞击对方左肋。（图771）

要领说明：右手的引化和右膝的击打要做到一气呵成。右膝撞击时，左独立腿一定要做到松沉、平稳。

图770

图771

用法二　破右採右腕右手反缠掤挒右膝击打裆部法

1. 当我运用右崩拳砸击对方头部时，对方以右手正旋採住我右腕，我腰裆右转，右手反缠挒住对方右手指，同时，左手掤住其肘关节，使其右臂无法放松，以致被我挒拿。（图772）

图772

2. 腰裆左转，右手反旋，加大捌其右指劲力，沉裆塌劲，以腰催力，右手借势向前掤发，同时，右膝顺势向前撞击对方裆部。（图773）

要领说明：右手在反缠捌拿对方右手指时，要做到粘连黏随，掤劲不丢；向前掤发时，捌拿对方的指劲不掉。这是一个捌掤前发的劲道，右手的发力要做到以腰带手，力达脚底，劲力要完整合一。

图773

【动作二】腰裆右转，左独立步不变；右拳领劲正旋翻转到右膝外侧，同时，左拳正旋领劲向左前翻缠，双拳的拳心都向后；目视前方。（图774）

要领说明：此动作是右拳正旋缠捌对方的右採或左採的手指，以便达到控制对方胳膊的目的；左手反缠领劲向前，是掤住对方的肘关节，以使劲力渗透到对方体内，以达到发放对方的目的。此动作要做到双手的粘连黏随，掤劲不丢。

图774

用法一　破右采右腕右手正缠捌拿掤发

1. 当对方用右手抓住我右腕时，我腰裆右转，右手正旋，缠掤捌拿住对方右手指，同时，左手向前，掤住对方右肘关节。（图775）

2. 腰裆左转，左手掤劲不变，右手领劲正旋，加大对其右手指的捌劲，同时，沉裆塌劲，向左前方缠捌掤发。（图776）

要领说明：此动作是右手正旋捌对方右手指的掤发招式。关键在右手的螺旋掤劲，要做到粘连黏随；捌发时，要劲力完整合一。

图775

图776

用法二　破左采右腕右手正缠捌拿掤发

1. 当对方用左手抓住我右腕时，我腰裆右转，右手正旋，缠掤捌拿住对方左手指，同时，左手向前，掤住对方左肘关节。（图777）

图777

2. 腰裆左转，左手挒劲不变，右手领劲正旋，加大对其左手指的挒劲，同时，沉裆塌劲，向左前方缠挒掤发。（图778）

要领说明：此动作是破解对方左手抓拿我右腕的反缠挒劲掤发。在掤发对方时，右手的掤缠挒劲不丢，要做到粘连黏随；同时，要沉裆塌劲，劲力要完整合一。

图778

【动作三】腰裆左转；右拳正旋，领劲向右前旋转，左拳反旋收肘到左腮旁；同时，右腿提膝随腰裆左转正旋向前；目视正前方。（图779）

要领说明：此动作右手是正、反螺旋挒拿手指，左拳是反旋挒肘之法。左独立腿要松沉站稳，做到沉裆塌劲；双拳螺旋开手时，对绞的缠丝劲要有爆发力；同时，右膝要有防守和攻击的意识。

图779

用法一　破右採右手反採右腕右掤左捩肘右膝击打法

1. 承接上式打法。当对方用右手採住我右腕时，我腰裆右转，右手反採住对方右腕向右侧引劲，同时，左手上前掤住对方右肘反关节。（图780）

图780

2. 腰裆左转，右手向右前方掤旋，左前臂缠掤住对方右肘反关节，随腰裆左转向左后方掤捩；同时，右膝提起，顺势撞击对方小腹或裆部。（图781）

要领说明：右手与左手要形成前后螺旋绞拧的缠丝劲；右膝发力时，无须向前有意去撞击，对方由于收到我的缠丝捩劲，身体必定前倾，只要右膝提起，必中目标。

图781

用法二　破左采右手反采左腕右搠左捌肘右膝击打法

1. 承接上式打法。当对方用左手采住我右腕时，我腰裆右转，右手反采住对方右腕向右侧引劲，同时，左手上前掤住对方右肘反关节。（图782）

图782

2. 腰裆左转，右手向右前方掤旋，左前臂缠掤住对方左肘反关节，随腰裆左转向左后方掤挒；同时，右膝提起，顺势撞击对方左侧肋部。（图783）

要领说明：左手在挒打对方左肘时，要有反缠的螺旋劲，发力在腰胯，劲力要完整合一。

图783

第四十四式
掩手肱捶（捌击法）

这是第四个掩手肱捶。此式的右拳击打之法，是在挒劲中变化为右拳的攻击法。太极拳的基本技击都是围绕着太极八法以及步法的五行变化而衍生的。掩手肱捶打法的基本变化，也是根据八法在实际的演变中归纳而出的技击原则。此式之法，在我挒拿对方右臂肘关节时，对方必定身体右转化解我的挒劲，此时，我右拳出击，正恰到好处。此式不仅体现了太极拳阴阳变化之理，同时更加提醒我们，练习太极拳法，不能走马观花，要深刻地体会每招每式的用意所在，只有明其理，才能练好拳。

【动作一】腰裆继续左转，右脚向右前方下跺震脚；右手沉劲向右下方螺旋掤劲，左拳领劲向左前上方旋转；随之，左脚向左前方擦脚开步；目视前方。（图784）

图784

要领说明：此动作是右採左挒的手法。左手在挒打对方肘关节时，要做到梢节领劲和螺旋；右手要有反旋的缠丝掤劲；左脚在开腿进步时，手上的掤劲不能丢，肩部要保持平稳。此法即太极拳要求做到的“立如秤准”之意。

用法一　破右拳右採左挒右肘右脚跺击右脚法

1. 当对方进右步出右拳攻击我胸部时，我腰裆右转，右手採住对方右腕，向右下方反旋引劲；同时，左手从对方右臂下缠掤住右肘反关节。（图785）

2. 腰裆左转，右手採住对方右腕沉劲向下，左臂掤住对方右肘反旋掤劲，挒打对方右肘；同时，右脚向下跺击对方右脚面。（图786）

要领说明：此式在左臂挒打对方右肘反关节时，对方受到我的挒劲后，身体必定前倾，右脚跺击对方右脚面时，要有松沉劲。

图785

图786

用法二　破左拳右採左挒左肘右脚跺击左脚面

1. 当对方进左步出左拳攻击我面部时，我腰裆右转，右手正旋採住对方左腕，同时，左手向前掤住对方左肘。（图787）

图787

2. 腰裆左转，右手採住对方左腕向左前下方引劲，左臂反旋，掤劲捌打对方左肘反关节；同时，右脚向前跺击对方左脚面。（图788）

图788

要领说明：此法在左手捌打对方左肘反关节时有两种状况：一种是不让对方左臂弯曲，捌打其反关节；另一种就是收肘捌肘，使对方左臂弯曲，形成捌拿震脚之法。总之，左手的掤劲要顺其自然，做到粘连黏随，顺势而发。

【动作二】腰裆加大左转，步法成左弓步；左手螺旋收肘至胸前，同时，右拳随腰裆左转顺势向前螺旋击出；目视右拳。（图789）

图789

要领说明：右拳击打时，要做到松肩沉肘、梢节领劲，身体不可摇晃；发力时，要有弹簧劲；右拳出击时，要力达右脚跟。

用法一　破右拳右採左捌肘变右拳击打心口法

1. 承接上式打法。当我右手採住对方右腕，左臂捌打对方右肘时，对方腰裆右转，沉裆塌劲，欲化解我的捌劲。（图790）

图790

2. 我腰裆左转，左手领劲螺旋，随腰裆左转左手掤住对方右臂，同时，沉裆塌劲，右手变拳反旋，向前击打对方腹部。（图791）

要领说明：左手要有粘黏劲；右拳击打时，要做到沉裆塌劲，同时，右拳要有螺旋劲，力达右脚跟。

图791

用法二　破右拳右採左挒肘变右肩靠击胸部法

1. 承接上式打法。当我右手採住对方右腕，左臂挒打对方右肘时，对方腰裆右转，沉裆塌劲，欲化解我的挒劲。（图792）

图792

2. 我腰裆左转，左手领劲螺旋，随腰裆左转左臂掤住对方右臂，同时，沉裆塌劲，右臂放松，右肩顺势向前靠击对方胸部。（图793）

要领说明：此法是挒劲掩手肱捶的根节打法。中节打法略。右肩在靠击时，身体要保持平衡，做到不依不靠，中正安舒，身体要松沉。

图793

第四十五式
扫蹚腿

此式主要是在上盘控制住对方的情况下，运用左右的下扫腿法，而达到击倒对方的目的。当对方的上肢被我双手粘黏劲控制后，在对方失机失势之时，我趁机运用前扫腿或后扫腿攻击对方的下盘，使其顾此失波。此式的技击原则是攻上而取下，如兵法声东击西之道。此招法主要是练习在右採左捋或左挒情况下的左、右下扫腿，要求上下相随，手随身转，周身协调一致，手到脚到的外三合。

【动作一】腰裆右转；右拳正旋自转收肘至胸前；同时，沉裆塌劲，目视前方。（图794）

要领说明：此动作是运用右手正旋的缠丝劲破解对方的反擒拿法。右手要做到松肩沉肘，领劲螺旋。

图794

用法一　破左採右腕右手收手正旋缠挒法

当对方以左手从上向下抓住我右腕时，我右手向胸前引劲收肘，腰裆右转，右手正旋缠挒对方左腕，以右前臂挪挒住对方左手指。（图795）

要领说明：右臂要松肩沉肘，右手指要做到领劲螺旋；同时，要松沉裆劲。

图795

用法二　破右採右腕左掤右手正旋缠捌法

当对方以右手从上向下抓住我右腕时，我右手向胸前引劲收肘，腰裆右转，右手正旋缠捌住对方右指反关节。（图796）

要领说明：此法要右手指领劲螺旋，做到松肩沉肘，捌劲的掤点在右前臂。

图796

【动作二】腰裆左转；左拳正旋向前，拳心朝前下方向，右拳反旋自转向前，拳心向下；同时，右膝提起，目视左拳方向。（图797）

要领说明：此动作是双拳的掤发配合右膝的攻击打法。要做到周身上下协调一致，劲力合一。

图797

用法一　破右拳左下掤挤右肘击喉右膝击打裆部法

1. 当对方进右步出右拳攻击我面部时，我腰裆左转，左手从对方右臂下向上螺旋掤化。（图798）

2. 腰裆继续左转，左手螺旋领劲向前掤住对方右臂，右肘向前击打对方咽喉；同时，右膝提起撞击对方小腹或裆部。（图799）

要领说明：左掤右击要同时进行，周身要做到上下一气，内外合一；左腿站立时，要有松沉劲，身体要保持平衡。

图798

图799

用法二　破左採右腕右手正旋缠捌左手下捌掤法

1. 当对方以左手从上向下抓住我右腕时，我腰裆右转，右手正旋，以前臂缠捌住对方左手指，同时，左手向前掤住对方左肘关节。（图800）

图800

2. 腰裆左转，右手加大自转螺旋掤劲，左手领劲向右前方掤旋，将对方向左前方掤挒而发。（图801）

要领说明：此法要做到劲力完整合一，右手的掤挒劲不丢；掤发时，要沉裆塌劲。

图801

用法三　破右採右腕右手正旋缠挒左手上挒掤法

1. 当对方以右手从上向下抓住我右腕时，我右手向胸前回收，同时，腰裆右转，右手正旋，以前臂缠挒住对方右指反关节，同时，左手向前掤住对方右肘关节。（图802）

2. 腰裆左转，右手加大自转螺旋掤劲，左手掤住对方右臂使其无法弯曲化解我的掤劲，同时，沉裆塌劲，将对方向左前方掤挒而发。（图803）

要领说明：右手的挒劲要做到粘连黏随，不丢挒劲；掤发时，要沉裆塌劲，劲力要完整合一。

图802

图803

【动作三】右脚在左脚后侧落步震脚，腰裆右转；双拳反旋向右侧捋劲；同时，身体向右侧转体180°，左腿随身体右转成左前扫腿；目视左前方。（图804）

要领说明：此动作是右转身的捋法配合左前扫腿的打法。要求右转身时，腰裆转换要圆活，扫腿要以腰带腿，左脚要擦地而扫，不可过高。

图804

用法一　破右拳右採左捋右转身左前扫腿法

1. 当对方进右步出右拳攻击我面部时，我腰裆右转，右手正旋，採住对方右腕顺势向右侧引劲，同时，左手反旋，掤住对方右臂借势向右侧收捋。（图805）

2. 当对方被我捋劲带动向右后方时，右採和左手的掤劲不丢，我腰裆继续右转，松腰转胯，左脚变前扫腿，扫踢对方右脚跟。（图806）

要领说明：当对方被我的捋劲带动，没有达到应有的效果时，我运用左腿前扫对方的右脚跟，使其站立不稳，仰摔而倒。

图805

图806

用法二 破右拳右採左捌右转身左低鞭腿打法

1. 当对方进右步出右拳攻击我面部时，我腰裆右转，右手正旋，採住对方右腕顺势向右侧引劲，同时，左手反旋，掤住对方右肘趁势领劲捌拿。（图807）

2. 腰裆继续右转，松腰转胯，右手的採劲不变，左手沉劲加大捌势；同时，左腿顺势向前以左低鞭腿扫踢对方的右膝关节。（图808）

要领说明：右採左捌对方右臂肘关节时，要做到松肩沉肘；左低鞭腿的扫踢要做到以腰带腿，出腿要有力，击打位置要准确。

图807

图808

【动作四】腰裆右转；右拳正旋自转收肘，左拳继续向右侧收肘捋劲；同时，身体继续向右旋转180°，右腿顺势随身体右转成后扫腿。（图809）

要领说明：此动作主要是练习右採左捋时，松腰转胯的后扫腿用法。要求腰裆转换要圆活；转体时，周身要有掤劲；后扫腿要干净利落。

图809

用法　破右拳右采左挒右转身右后扫腿法

1. 当对方进右步出右拳攻击我面部时，我腰裆右转，右手正旋採住对方右腕，顺势向右侧引劲，同时，左手反旋掤住对方右肘，趁势领劲挒打对方右肘反关节。（图810）

2. 腰裆继续右转，松腰转胯，右手的採劲不变，左手沉劲加大挒势；左腿向右后盖步，同时，右腿顺势右转以后扫腿扫击对方右脚跟。（图811）

要领说明：*右转身后扫腿时，腰裆要松活圆转；右手的採劲和左手的挒劲不丢；右后扫腿右脚要紧擦地面。*

图810

图811

第四十六式
掩手肱捶（肘击法）

这是第五个掩手肱捶的用法。此式是在我运用左肘攻击对方时，对方腰裆右转沉肘化解我左肘后，我顺势用右拳攻击对方中路的右拳攻击法。此式体现了阴阳虚实的变化规律，通过此式的反复演练，可以加大拳法运用的灵活性。此招法是练习在右採左捋或左挒肘击的状态下，对方腰裆右转，化解我的左肘后，我顺势采用右拳的攻击打法。

【动作一】腰裆右转；右拳在腹前反旋自转；左脚向左前方擦脚进步成左弓步；同时，左拳反旋，向右侧螺旋掤劲变肘击；目视前方。（图812）

图812

要领说明：此动作是右採左肘挒法或右採左前臂掤旋左肘撞击法。此法主要是练习在右採手的情况下，左前臂的掤法和左肘进攻法。

用法一　破右拳右採左挒打法

当对方进右步出右拳攻击我面部时，我右手正旋，採住对方右腕向右侧引劲，同时，左手反旋，腰裆右转，以左前臂挒打对方的右肘反关节。（图813）

图813

要领说明：左前臂在挒打对方右肘反关节时，要以腰裆发力为主；要做到沉裆塌劲，腰裆转换要圆活。

用法二　破右拳右采左捋变左肘撞击右肋法

当对方进右步出右拳攻击我面部时，我右手採住对方右腕向右侧引劲，同时，左手反旋，腰裆右转，以左前臂掤住对方的右臂，顺势反旋从其臂下方进肘，攻击对方右肋。（图814）

图814

要领说明：左肘在攻击对方右肋时，掤劲不掉；在反旋进击时，掤点要放松；另外要松裆塌劲。

【动作二】腰裆自转；左臂放松，沉劲反旋向左侧开手掤化，同时，右拳反旋，向右前方击出；左弓步不变，目视右拳。（图815）

图815

要领说明：此动作是左手反旋掤劲、右拳向前击打的方法。根据实际情况的不同，右拳击打的方位也可以是面部、咽喉、胸部或腹部，另外右手的攻击也有右拳、右肘、右肩三节的变化。出拳要有螺旋的钻头劲，力点要达到右脚跟；左臂的反旋掤劲，要做到粘连黏随，沉裆塌劲；出拳时，要力达右脚跟。

用法一　破右拳右採左挒变左掤右拳击打面部法

1. 当对方进右步出右拳攻击我面部时，我右手正旋，採住对方右腕向右侧引劲，同时，左手反旋收肘，腰裆右转，以左前臂挒打对方的右肘反关节。（图816）

图816

2. 如果对方腰裆右转化解我的挒劲时，我腰裆左转，左手反旋沉劲掤住对方右臂， 右手变拳，顺势向右前击打对方面部。（图817）

要领说明：左手要有粘黏连随的掤劲，右拳在攻击时，要做到沉裆塌劲，力达右脚底。

图817

用法二　破右拳右採左掤左肘击肋变右肘挑打对方下颏法

1. 当对方进右步出右拳攻击我面部时，我右手正旋，採住对方右腕向右侧引劲；同时，腰裆右转，左手反旋，用左前臂掤住对方的右臂，顺势反旋向下进肘，攻击对方右肋。（图818）

2. 如果对方身体右转，右肘沉劲反旋，化解我的左肘撞击时，我腰裆左转，右手顺势反旋屈肘，向上挑击对方下颏。（图819）

要领说明：此法是右臂在此式中的中节打法。武术要求做到节节贯穿；右肘挑击时，劲力要完整一气。

图818

图819

第四十七式 右拳炮捶

此招法主要是右手在引劲之时，左手变採手向左侧退步引化，而右手正旋向左侧捋，如果对方欲转化我之捋劲，或者后退欲逃，我顺势进步挤靠或右拳出击，借力打力，使其向后侧翻倒。此式主要是练习左採右捋情况下的右拳出击之法。右拳要做到退进得法，攻防有度；右臂要做到松肩沉肘，自然而然，随曲就伸。

【动作一】腰裆左转；左手掌心朝下向右前方採手，右拳向胸前螺旋收肘；左脚顺势向左后方退一大步，右腿随之后撤小半步在左脚前，前脚掌着地成虚步；目视右前方。（图820）

要领说明：右手回收要有螺旋劲，要做到劲力缠绵不断，出手到收肘要一气呵成，动作要协调一致。

图820

用法一　破左采左掤右手正旋解脱变退步右捋法

1. 承接上式打法。如果对方左手採住我的右腕时，我腰裆右转，右拳向腹前回收，左手顺势向前採住对方左手，同时，右手正旋，缠捌解脱对方的左採手。（图821）

2. 腰裆左转，右手正旋向前变捋法，左手採住对方左腕，左脚向左后方撤退一大步，右腿随之后退小半步，加大向左后方的捋劲。（图822）

要领说明：退步左捋时，重心在左后腿上。此式如同拔河一样，右腿要沉劲蹬住地面，以加大捋势。

图821

图822

用法二　破左采左掤右手反缠解脱变退步右捋法

1. 当对方右手採住我右腕时，我腰裆左转，右手回收，左手顺势向前採住对方右腕，右手立即反缠捌打对方右腕关节。（图823）

图823

2. 腰裆左转，右手向左侧收肘捋劲，左手採住对方左腕，左脚向左后方撤退一大步，右腿随之后退小半步，加大向左后方的捋势。（图824）

要领说明：身体要沉裆塌劲；右手的反旋出手和右手的捋劲要缠绵不断，一气呵成；腰裆转换要圆活，劲力要完整。

图824

【动作二】腰裆右转，右腿向右前方进一大步，左腿随之跟进小半步成右弓步；同时，左手在腹前加大正旋的缠丝劲，右拳反旋向前击出，拳心朝下；目视右拳。（图825）

要领说明：左手正旋採劲要把力通达到对方肩关节处，控制住其左臂，使其左臂无法放松；右拳在向前击打时，掤点要做到突然放松，右拳出击要有弹性劲。

图825

用法一　破左拳左採右捋变进步右拳击打面部法

1. 当对方进左步出左拳攻击我面部时，我腰裆左转，左手反旋，採住对方左腕向左侧引劲，右手反旋，掤住对方右臂顺势向左侧捋劲；对方腰裆左转，左手反旋运用挤劲挤靠我。（图826）

2. 我腰裆左转，左手採劲不变，右臂反旋领劲，顺势进步向前，右手变拳，直击对方面门。（图827）

要领说明：右拳在反旋进击时，要求松肩沉肘，身体协调一致，劲力要完整合一。

图826

图827

用法二　破左拳左採右捋变进步挫打左肩关节法

1. 当对方进左步出左拳攻击我面部时，我腰裆左转，左手反旋，採住对方左腕向左引劲，右手向左侧捋劲；对方腰裆左转，左手反旋欲抽手回撤。（图828）

图828

2. 我腰裆右转，左手正旋，加大自转的螺旋劲，同时，右手反旋，加大松沉的掤劲，将对方左臂掤直，双手合力突然向右前方掤发，使劲力通过其左臂直接传达到对方左肩处，将其左肩关节挫伤或脱臼。（图829）

图829

要领说明：此法为大擒拿之挫骨手。发力要有爆发力，同时，更要在对方抽手回撤的刹那间做到借力打力。

用法三　破右拳左採右捋进步右肩靠击胸部法

1. 当对方进右步出右拳攻击我面部时，我腰裆左转，左手反旋，採住对方右腕向左侧引劲，右手随之反旋，从内侧收手向左捋劲；同时，左腿向后方退一大步，右腿随之稍退小半步，以加大向左侧的捋势。（图830）

2. 腰裆加大左转，左手採劲不变，右手加大捋势；同时，右腿进步至对方裆前，以右肩靠击对方胸部。（图831）

要领说明：右肩靠击时，左手採劲和右手的捋劲不丢，这就是太极的阴阳，左阴则右阳，左隐而右现。有的人将此劲力称之为“对拉力”，其实不然。因为真正的对拉力是一进一退，此式虽然一捋一靠，但没有直来直去的横劲，而是圆活转换的旋转力。

图830

图831

用法四　破右拳左採右捋进步右肘反旋击打面部

1. 当对方进右步出右拳攻击我面部时，我腰裆左转，左手反旋，採住对方右腕向左侧引劲，右手随之反旋，从内侧收手向左捋劲；同时，左腿向后方退一大步，右腿随之稍退小半步，以加大向左侧的捋势。（图832）

2. 腰裆加大左转，左手採劲不变，右手的收捋劲立即变反旋沉劲下掤，同时，右腿进步至对方裆前，右肘顺势反旋而出，右肘螺旋缠打对方下颏或面部。（图833）

要领说明：右肘击打时，左手的採劲不变；身体要保持重心的稳定，做到不依不靠；同时要沉裆塌劲。

图832

图833

第四十八式
左拳炮捶

左拳炮捶与右拳炮捶实用方法相同，唯方向相反。此式是训练在右採左捋或左捌情况下的左拳攻击法。此式要做到上下协调一致，不管步法如何进退，手法的掤劲不能掉，要做到立如秤准，重心要稳定。

【动作一】腰裆右转，右拳向胸前收肘；右腿向左脚内侧退步，左腿顺势脚跟抬起成左丁字步；同时，左手变拳向右侧捋劲；目视左前方。（图834）

图834

要领说明：此法是退步的收捋之法。要求手、眼、身、法、步高度的协调统一，步随身换，手脚相合。

用法一　破右拳右採退步左捋法

1. 当对方进右步出右拳攻击我胸部时，我腰裆左转，右手反旋，从上向下採住对方右腕，左手反旋，掤住对方右臂外侧。（图835）

图835

2. 腰裆右转，右手採住对方右腕向右侧引劲，右腿向后撤退一大步，左腿随之向后撤退小半步成左虚步；同时，左手掤住其右臂外侧，顺势向右侧收肘捋劲。（图836）

要领说明：此捋法配合了步法的后退，目的是加大捋势。在退步採捋时，要做到收肘领劲和手与脚合的外三合；在步法撤退时，右手的採劲和左手的掤劲不丢，身体要保持平稳中正。

图836

用法二　破右拳右採退步左挒法

1. 当对方进右步出右拳攻击我腹部时，我腰裆左转，右手反旋，从上向下採住对方右腕，左手反旋，掤住对方右臂外侧。（图837）

2. 腰裆右转，右手採住对方右腕正缠向右侧引劲，右腿向后撤退一大步，左腿随之向后撤退小半步成左虚步；同时，左前臂掤住其右肘反关节，顺势左手领劲向右侧挒打。（图838）

要领说明：此法是退步右採左挒之法。左手在挒劲时，要做到手领肘、肘领肩的节节贯穿；腰裆右转挒劲发力时，要沉裆塌劲。

图837

图838

用法三　破左拳右採左退步挒法

1. 当对方进左步出左拳攻击我面部时，我右手採住对方左腕，同时，左腿进步至对方裆前，左手从下方挒住其左肘反关节。（图839）

2. 腰裆左转，右手向右前方分劲，左腿退步；同时，左手向左侧收肘挒打对方左肘反关节。（图840）

要领说明：身体要做到协调一致，腰裆转换要圆活。

图839

图840

【动作二】腰裆左转，左腿顺势向左前方进步成左弓步；同时，右手变拳，在胸前正旋自转，左手反旋，向左前方出击，拳心朝下；目视左前方。（图841）

要领说明：左拳在向左前方出击时，要与左腿的步法密切配合，做到手到脚到，劲力要完整合一。

图841

用法一　破右拳右採左捋变进步左拳击打面部法

1. 当对方进右步出右拳攻击我腹部时，我腰裆右转，右手反旋，採住对方右腕向右侧引劲，左手反旋，掤住对方右臂顺势向右侧捋劲；对方腰裆右转，右手反旋运用挤劲挤靠我。（图842）

2. 我腰裆左转，右手採劲不变，左前臂反旋外碾，左腿进步向前绊住对方右腿；同时，左手变拳，顺势直击对方面门。（图843）

要领说明：左拳在反旋进击时，掤点要有外旋的松沉劲，左腿进步和右步跟进时，劲力要完整合一；身体要做到协调一致。

图842

图843

用法二　破右拳右採左捋变左挂右腿左挤靠摔法

1. 当对方进右步出右拳攻击我面部时，我腰裆右转，右手正旋，採住对方右腕向右侧退步引劲；同时，左腿向后稍撤小半步，左手顺势反旋，掤住对方右臂向右侧捋劲。（图844）

图844

2. 腰裆左转，右手加大正旋缠丝；同时，左腿进步至对方右腿后侧，左手反旋掤住对方右臂，手指顺势领劲向前沉劲挤靠对方上盘，右手乘势正旋捋劲，将对方挤靠而出。（图845）

要领说明：此法是退步捋法变进步挤靠。此法一般在运用捋劲时，对方欲抽身回撤或用力反抗时，我顺势挤靠借力打力之法。步法的进退是为了加大捋劲和挤靠劲；另外，左腿在进步之时，要顺势进步到对方右腿后侧，以求达到上挤下绊之效。

图845

用法三　破右拳右採左捋变进步挫打右肩关节法

1. 当对方进右步出右拳攻击我面部时，我腰裆右转，右手正旋，採住对方右腕向右侧退步引劲；同时，左腿向后稍撤小半步，左手顺势反旋，掤住对方右臂向右侧捋劲。（图846）

图846

2. 右手加大正旋缠丝劲，左手反缠沉劲掤住对方右臂；左腿顺势进步向前勾挂住对方右腿，双手掤住其右臂，使其无法弯曲化力，同时，腰裆左转，向对方左肩处发力，使我力借助对方右臂传达到其右肩关节处，造成对方右肩脱臼或挫伤。（图847）

要领说明：双手发力要借助对方右臂的回撤之势，做到借力打力；要控制其右臂无法弯曲或化解我的发力，要将力通过其右臂的传导直达其右肩关节处；另外，发力点不仅要准确，还要有爆发力。

图847

用法四　破左拳右採退步左内捋变进步左掐喉别摔法

1. 当对方进左步出左拳攻击我面部时，我腰裆右转，右手正旋，从内侧採住的方左腕；同时，右腿向后方退步引劲，左手顺势反旋退左步向右侧捋劲。（图848）

图848

2. 如果对方抽身后撤，我腰裆左转，左腿进步至对方左腿后侧，右手的採劲不变，左手顺势向前叉住对方咽喉，将其别摔而倒。（图849）

要领说明：此法是右採左捋对方左手变叉喉别摔之法。叉喉和别摔要做到一气呵成；手法、步法、身法等都要做到协调一致，劲力合一。

图849

用法五　破左拳右採退步左捋进步右肘挑击下颏法

1. 当对方进左步出左拳攻击我面部时，我腰裆右转，右手正旋，从内侧採住对方左腕；同时，右腿向后方退步引劲，左手顺势反旋退左步向右侧捋劲。（图850）

2. 如果对方抽身后撤，我腰裆左转，左腿进步至对方裆前，右手的採劲不变，左臂顺势屈肘向上挑击对方下颏。（图851）

要领说明：左肘挑击时，要做到沉裆塌劲，将力透到脚底；劲力要完整合一，周身要做到协调一致。

图850

图851

第四十九式
进步侧靠

此式主要是练习进右步的右肩靠击法。此式的肩靠不仅包含了右肩靠击胸、腹和肋部的打法，同时，也蕴藏着右肩的挒法和拿法。此式的阴阳变化不仅分左、右式的攻取，也包含着进中门和边门的攻击。左手的缠丝劲是正旋的缠法，要做到松肩沉肘；右肩的靠击，不仅仅是胸部或肋部，也可以靠挒对方的肘部反关节；同时，也可以用拿法或摔法。拳法的阴阳变化如同流水之势。正如孙子兵法所言："夫兵形象水，水之形避高而趋下，兵之形避实而击虚。水因地而制流，兵因敌而制胜。故兵无常势，水无常形，能因敌变化而取胜者为之神。"

【动作说明】腰裆左转；左手正旋收至胸前，右手变拳向右前方反旋；右脚随身体左转顺势向右前侧方震脚；同时，右肩向右前方成马步靠击；目视右前方。（图852）

要领说明：左採以及右肩靠击时，要做到一气呵成，震脚要有松沉劲；右肩的靠击要有弹性的爆发力；同时，腰裆转换要圆活，身体要保持中正，做到不依不靠。

图852

用法一　破左拳左采右下掤挒右腿别摔法

1. 当对方进左步出左拳攻击我胸部时，我左步向前，腰裆左转，左手採住对方左腕向左侧引劲，同时，右手变拳，从对方左臂下掤住对方左肘反关节。（图853）

2. 腰裆加大左转，左手採住对方左腕继续向左侧引劲，右手顺势向右前方领劲螺旋缠挒对方左肘反关节；同时，右脚趁机向前缠别对方左腿，使其前扑而倒。（图854）

要领说明：此法与上式不同的是，上式是右手向左下领劲採捋，而此式是向前缠挒。

图853

图854

用法二　破左拳左採右下挒进右步肩靠挒

1. 当对方进左步出左拳攻击我胸部时，我左步向前，腰裆左转，左手採住对方左腕向左侧引劲，同时，右手变拳，从对方左臂下掤住对方左肘反关节。（图855）

图855

2. 腰裆加大左转，左手採住对方左腕，继续向左侧引劲，右臂顺势向左侧挒靠对方的左肘反关节；同时，右脚趁机向前跺击对方左脚面。（图856）

要领说明：此法是利用右肩的靠击来挒打对方的左肘反关节之法，同时，配合右脚跺击对方左脚面。整个动作要做到一气呵成，缠绵不断，腰裆转换要圆活，劲力要合一。

图856

用法三　破左拳左採右手内缠胸挒右脚跺击法

1. 当对方进左步出左拳攻击我胸部时，我左步向前，腰裆左转，左手採住对方左腕向左侧引劲，同时，右手变拳反旋，从对方左臂内侧缠抱住对方左臂，以右侧胸部挒住对方左肘反关节。（图857）

2. 腰裆加大左转，左手继续向左侧引劲，身体加大挒法；同时，右腿提起跺击对方左脚面。（图858）

要领说明：此动作是左採胸挒配合右震脚的打法。震脚要有松沉劲；胸部挒打对方肘关节时，要以腰裆转换为主，同时，要有爆发力。

图857

图858

第五十式
掩手肱捶（靠击法）

此式的掩手肱捶是根据太极拳八法的第六种演化而来。它的运用是在左肩靠击对方的状态下，如果对方右侧松掤，腰裆右转化解我的左肩靠击时，我顺势采用了右拳的变化击打。由此可见，二路中有六个掩手肱捶，都是在不同状态下演变的打法。我们在练习二路炮捶时，要注意拳势的演变规律，不可以不求甚解，粗枝大叶地走马观花。在我运用左肩靠击对方，而对方松转掤化我的劲力时，我重心要保持中正稳定，左臂的掤劲不丢，要做到粘连黏随，同时，身体左转，左臂反旋掤住对方身体，为右拳的攻击奠定基础。右拳发力要力透脚底，劲力要完整合一。

【动作一】腰裆右转；右手正旋向右侧採手；同时，右脚收到左脚内侧震脚；左手在腹前领劲反旋向右，以左肩向右前方靠击；目视前方。（图859）

要领说明：此式掩手肱捶是二路炮捶中第六种变化打法，此式是右採左靠的打法。

图859

用法一　破右拳右採左捋左肩靠击右肋法

1. 当对方进右步出右拳攻击我面部时，我腰裆右转，右手正旋，採住对方右腕向右侧引劲，同时，左手反旋，掤住对方右臂向右侧捋劲。（图860）

2. 腰裆加大右转，右手採劲不变，左手螺旋掤住对方右臂向右上方螺旋碾劲；同时，左腿进步至对方右腿后侧，顺势以左肩靠击对方右肋。（图861）

要领说明：左肩在靠击时，左前臂要有螺旋的掤缠劲，使对方右臂上旋架空，露出腋下肋部，以便于左肩的进攻。

图860

图861

用法二　破右拳右採左下捋左肩捌肘法

1. 当对方进右步出右拳攻击我面部时，我腰裆右转，右手正旋，採住对方右腕向右侧引劲，同时，左手反旋，从对方右臂下穿入缠抱住对方右臂。（图862）

图862

2. 腰裆加大右转，右手继续向右后螺旋引劲，左手缠捌对方右臂肘关节，以腰胯带动左臂领劲螺旋，同时，左肩顺势向前靠击对方右臂，以加大对其右臂的捌势。（图863）

要领说明：腰裆要做到自转旋转，身体要保持中正和平衡。左肩靠击对方右上臂时，力点要传递到对方右肘反关节上。

图863

【动作二】腰裆左转；左手正旋，向左螺旋旋转掤化，重心向左侧移动到左腿，同时，含胸拔背，右拳向右侧下方引劲；目视前方。（图864）

要领说明：此式是当我以左肩靠击对方时，对方身体右转掤化我的靠击的掤化方法。此动作要做到松裆塌劲，转换要圆活，身体要有掤劲，做到粘连黏随。

图864

用法　破右拳右採左下捋左肩靠挒转化掤法

1. 承接上式打法。当我右手採住对方右腕，左手从对方右臂下掤缠挒靠对方右上臂时，对方腰裆右转，沉裆塌劲，右臂松沉外碾挤靠化解我的挒靠之法。（图865）

2. 我腰裆左转，左手顺势反旋掤住对方身体，控制其挤靠的身体，使其无法向前发力，同时，右手的採劲不丢。（图866）

要领说明：此法要做到粘连黏随，松转圆活，在破坏其挤靠的同时，为我右拳的出击做好准备。

图865

图866

【动作三】腰裆加大左转；左手螺旋收至腹前，掌心朝内，按于丹田处；同时，右腿蹬地发力；右手变拳向前反旋击出；目视右拳。（图867）

要领说明：在二路炮捶中，共有六个掩手肱捶，其变化是根据八法的演变而来，分别是捋、挤、按、挒、肘、靠，而此式就是在右採左靠情况下演变的右拳打法。

图867

用法一　破右拳右採左捋左肩靠击右肋变右拳击打面部法

1. 承接上式打法。我右採对方右腕左捋，运用左肩靠击对方右腋下肋部，对方腰裆右转掤化我的靠法。（图868）

2. 我腰裆左转，左手顺势反旋掤住对方右臂，破坏其挤劲，同时，右手变拳，顺势向前攻击对方面部。（图869）

要领说明：此法是在右採左捋左肩靠击后，运用右拳攻击对方的击打法。当对方身体右转化解我的靠法时，我的右拳顺势攻击。我右拳的攻击点主要是对方的面部、胸口、腹部、裆部。要求做到拳走螺旋，右腿蹬地发力，劲力要完整合一，要有弹性的爆发力。

图868

图869

用法二　破左拳右採左下捋左肩靠击胸部变左缠剪背拿

1. 当对方进左步出左拳攻击我面部时，我腰裆右转，右手正旋掤採住对方右腕，同时，左腿进步至对方裆前，左手顺势从对方左臂下穿入，借势向右侧捋劲。（图870）

图870

2. 腰裆左转，左手缠住对方左臂，顺势领劲正缠锁拿，同时，右腿进步至对方左腿后侧，右手採住对方左腕顺势推掤缠捌，将对方锁拿住。（图871）

3. 如果对方身体转换，欲逃脱我之拿法，我左手缠法不变，右手变拳顺势向前，击打对方后脑。（图872）

要领说明：此法是掤接左拳的掩手肱捶的变化打法，其法擒拿之中含有右拳的攻击。要做到身随手转，一气呵成，缠绵不断；周身要做到协调一致，腰裆要松活。

图871

图872

第五十一式
倒插花

此式的前一动作，是防守身后偷袭的反击招法。右手正旋，左手反旋，不管是破解左右双拳还是拳脚攻击，双手一定要做到松肩沉肘，手圈要圆活，周身协调一致，劲力完整合一。只要上面手法一动，左脚即要攻击，左腿不仅仅是低腿的截击，也可以用膝攻、腿蹬，此乃腿法之三节用法。另外在倒插花三个大动作里，第二个动作是反採右拳的打法，而第三个动作则是反採左拳的反击法，如此，整个式子的重复动作就一清二楚了，当我们走架时，就有一个明确的目标和技击方向了。

此式的第一个动作是破解身后的偷袭反击法。拳法要求眼观六路，耳听八方，在身临战境之时，要做到明察秋毫，如此才能防备小人之暗算，达到保全自我的目的。后两式一个是採右拳一个是採左拳的左腿截击法，要做到上下协调一致，劲力完整合一，出腿要有爆发力。

【动作一】腰裆向右后转180°；右拳旋转收手，随身右转正旋开手收拳于右腹前；同时，右脚提起向左脚内侧震脚；左手在胸前反旋掤化，左脚顺势向前下方截腿踹出；目视前方。（图873）

要领说明：此式右手正旋，左手反旋，是转身化解身后偷袭或左右连环拳之左腿截击法。身体要保持中正安舒；重心在右腿时，身体要做到松沉；左腿截击要有外旋向下的缠丝劲。

图873

用法一 破右拳偷袭右转身右採左捋左截腿法

1. 当对方进右步出右拳从身后偷袭我后脑时，我身体右转180°，右手随身体右转正旋掤採住对方右腕。（图874）

2. 上动不停。腰裆右转，右手採住对方右腕向右侧引劲，左手反旋，掤住对方右臂向右侧收肘捋劲；同时，左腿顺势截踢对方右腿迎面骨。（图875）

要领说明：身体右转时，防守身后偷袭的特点是：右手正旋要贴紧胸前开手，护住自己的胸部和面部。拳谚云："拳从口出。"就是这个意思。

图874

图875

用法二 破左拳偷袭右转身右採左捌左腿别摔法

1. 当对方进左步出左拳从身后偷袭我后脑时，我身体右转180°，右手随身体右转正旋掤採住对方左腕，同时，左手从对方左臂下穿入，扳住对方左肘。（图876）

图876

2. 腰裆左转，右手採住对方左腕向右前下方推掤，左手扳住对方左肘向左侧回拉，形成挒拿对方反关节之技；同时，左腿进步到对方左腿后侧，将对方挒摔而倒。（图877）

要领说明：此法是挒臂摔法，要做到一气呵成；左右手做到粘连黏随，掤劲不掉。

图877

用法三　破左拳右採左挒左截腿法

1. 当对方进左步出左拳攻击我面部时，我腰裆右转，右手採住对方左腕，同时，左手从对方左臂下穿入，缠挒住对方左肘反关节。（图878）

2. 腰裆继续右转，双手採挒劲不丢；同时，左腿提膝踹碾对方左膝外足三里穴。（图879）

要领说明：周身劲力合一；手法的挒劲要与左腿的碾击协调一致。

图878

图879

用法四　破左拳偷袭右转身右採左捋脖左膝击面法

1. 当对方进左步出左拳从身后偷袭我后脑时，我身体右转180°，右手随身体右转正旋，掤採住对方左腕。（图880）

2. 右手採住对方左腕向右侧引劲，左手反旋，向前搂住对方脖颈向下方搂按；同时，左膝提起顺势撞击对方面部。（图881）

要领说明：右採左搂脖以及左膝撞击要做到一气呵成，周身要协调一致；左膝撞击时，身体要做到松沉，独立步要站稳。

图880

图881

【动作二】左脚向前落步踏实，脚尖微碾脚外摆；左手反旋收手至腹前；同时，右步向前成右四六步；右拳顺势向前击出，拳眼朝上；目视右拳。（图882）

要领说明：此拳攻击之法犹如形意拳之炮捶。右拳击打时，要做到松肩沉肘，右肘微屈；同时，要做到沉裆塌劲，重心平稳；左脚的外摆碾脚，各有实用法，包括碾对方的脚面、脚趾或脚踝；外摆要有挂脚、绊摔的意念。

图882

用法一　破连环拳右采左掤左截腿进步右拳击打心窝法

1. 承接上式打法。当对方以左右连环拳攻击我面部，我右采左掤化解对方双拳之后，以左截腿攻击对方右腿胫骨时，对方欲抽身退右步，以逃脱我之攻击。（图883）

2. 腰裆左转，左脚顺势落步踏实，左手掤住对方右臂不变，右腿顺势进步向前，右手反旋变拳，趁机攻击对方心窝。（图884）

要领说明：右拳击打要做到松肩沉肘，沉裆塌劲，劲力要完整合一；左脚截腿攻击完之后，要迅速沉劲下塌，为右腿快速进步打下基础；整个动作要协调一致。

图883

图884

用法二　破左拳右采左捌左截左腿进步右拳击打面部法

1. 承接上式打法。当对方进左步出左拳攻击我面部时，我腰裆右转，右手正旋，掤採住对方左腕，同时，左手从对方左臂下穿入，用左手扳住对方左肘关节，与右手配合，形成双手捌拿法，左脚顺势向前截击对方左小腿胫骨。（图885）

图885

2. 如果对方身体左转，左腿后撤，化解我的挒法和左腿的截击时，我左脚落地踏实，右腿迅速向前进步，右手顺势变拳击打对方面部。（图886）

要领说明：整个动作要一气呵成，动作要缠绵不断，劲力要完整合一。

图886

用法三　破左拳右弹腿右采左掤进右步右肩靠摔法

1. 当对方进左步出左拳攻击我面部，同时出右弹腿击打我裆部时，我右手正旋，掤采对方左手腕，左手反旋，掤化对方右弹腿的攻击。（图887）

2. 腰裆左转，双手的掤劲不丢，左腿进步至对方裆前，同时，右肩顺势向前靠击对方胸部。（图888）

要领说明：此法是化解拳脚同时攻击的进步肩靠法。要求做到内外三合的高度统一，周身协调一致，劲力完整。

图887

图888

【动作三】右手正旋开手收至腹前，左手反旋收转到左胸外侧；同时，重心移动到右腿，左腿提起向前截击；目视前方。（图889）

要领说明：此动作是反採对方右採手的收捋截腿攻击法。右手反採对方右手以及左手收捋要求做到协调一致；重心要稳定；截腿要有螺旋的爆发力；双手的收捋要与左截腿形成对拉力。

图889

用法一　破右拳右採双手反拧腕左截腿法

1. 当对方进右步出右拳攻击我面部时，我腰裆右转，右手正旋採住对方右腕，同时，左手从对方右腕下进入，配合右手，合力抓紧对方右腕。（图890）

2. 腰裆左转，双手合力向左侧引劲反拧对方右臂，同时，左腿向前截击对方右腿胫骨。（图891）

要领说明：此法为双手拧臂擒拿截踢法。要做到手与脚合；双手拧转对方右臂时，要做到力透达到其肩、肘关节。

图890

图891

用法二　破右拳右採双手拧腕左腿扫踢摔法

1. 当对方进右步出右拳攻击我面部时，我腰裆右转，右手正旋採住对方右腕，同时，左手上前，从对方右腕下穿入，配合右手，合力抓紧对方右腕。（图892）

2. 腰裆左转，双手合力向左侧引劲反拧对方右臂；同时，左腿向前扫踢对方右脚跟，使其仰翻在地。（图893）

要领说明：此法是拧臂左扫腿法。左腿扫踢左脚要紧擦地面，以破坏其平衡为目的。在扫踢时，注意扫踢要保持平衡，右独立腿要松沉站稳。

图892

图893

【动作四】左脚向前落步踏实，脚尖微外摆；左手反旋收手至腹前；同时，右步向前成右四六步；右拳顺势向前击出，拳眼朝上；目视右前方。（图894）

要领说明：此动作是双手採捋对方右手的截腿后的进步右拳攻击法。右拳出击时，身体要平稳，出拳要以腰发力，力透脚底。

图894

用法一　破右拳右采双手拧臂左脚外挂进步右肘反砸法

1. 当对方进右步出右拳攻击我面部时，我腰裆右转，右手正旋，掤採住对方右腕顺势向右侧引劲，同时，左手反缠抓住对方右前臂，加大向右侧的捋势。（图895）

2. 腰裆左转，双手拧住对方右腕向左侧旋转；同时，左脚尖内扣，顺势向前扫挂对方右腿脚后跟。（图896）

3. 如果对方抬起右腿躲过我的扫挂，我左脚顺势落地踏实，左手掤住对方右臂，同时，右手屈臂变肘，顺势向前反砸对方面部。（图897）

要领说明：双手拧臂和左脚扫挂要做到协调一致；右肘进步向前反砸对方面部时，左手要继续向左侧引劲。

图895

图896

图897

用法二　破右拳右采双手拧臂左截腿进步肩靠法

1. 当对方进右步出右拳攻击我面部时，我腰裆右转，右手正旋，掤採住对方右腕，顺势向右侧引劲，同时，左手反缠抓住对方右前臂，加大向右侧的捋势。（图898）

2. 腰裆左转，双手拧住对方右腕向左侧旋转；同时，左脚提起，顺势向前截击对方右腿胫骨。（图899）

3. 如果对方抽身后撤，我左脚顺势落地踏实，左手拧住对方右臂，继续向左侧引劲，同时，右腿进步向前，右臂放松，顺势以右肩向前靠击对方胸部。（图900）

要领说明：此式是双手拧臂左截腿的右肩靠击法。此法要求做到节节贯穿，周身协调一致，劲力完整合一。

图898

图899

图900

【动作五】右手正旋开手收至腹前，左手反旋，手转到左胸外侧；同时，重心移动到右腿，左腿提起向前截击；目视前方。（图901）

图901

要领说明：此动作是对方左採我右拳的反採收捋截腿攻击法。右手反採对方左手以及收捋要求做到协调一致，重心稳定，截腿要有螺旋的爆发力。此腿法不仅可以运用截腿，还可以运用扫挂摔、膝攻、脚打等。要做到三节明，四梢齐。

用法一　破左拳右採左捋左腿扫摔法

1. 当对方进左步出左拳攻击我面部时，我腰裆右转，右手正旋，掤採住对方左腕向左侧引劲，同时，左手反旋，从对方左臂穿入，缠抱住对方左臂向右侧捋化。（图902）

2. 腰裆加大右转，右手採劲不变，左手加大向右侧的捋势；同时，左脚尖内扣，向前扫踢对方右脚跟，使其仰翻在地。（图903）

要领说明：此法是破左拳右採左捋的扫腿法。这是由左截腿改变的扫腿打法。拳法的运用在于灵活多变，只要是劲力相同，合乎理法，就都是正确的。我的一贯理念就是反对练死拳，死练拳，不懂得应变，这样练拳在运用中就是“愚”，其结果必败无疑，我以为这样的练拳方法不可取。

图902

图903

用法二　破左拳右採左手反捌左膝击打腹部法

1. 当对方进左步出左拳攻击我面部时，我腰裆右转，右手正旋，挪採住对方左腕向左侧引劲，同时，左手反旋，从对方左臂下穿入，缠住对方左肘反关节。（图904）

2. 腰裆左转，右手採住对方左手向右前方引劲，左臂缠住对方左臂肘关节向胸前收捌；同时，左膝顺势提起撞击对方裆部。（图905）

要领说明：此法是左截腿变化为膝攻的打法。此法要求上下结合，动作协调一致，劲力完整合一；右腿独立时，要有松沉劲。

图904

图905

【动作六】左脚向前落步踏实，脚尖微外摆；左手反旋收手至腹前；同时，右步向前成右四六步；右拳顺势向前击出，拳眼朝上；目视右拳。（图906）

要领说明：此动作是双手採捋对方左手的截腿后的进步右拳攻击法。右拳出击时，身体要平稳，出拳要以腰发力，力透脚底。

图906

用法一　破左拳右采双手正拧臂左弹腿击裆右拳击肋法

1. 承接上式打法。当对方进左步出左拳攻击我面部时，我腰裆右转，右手正旋，掤採住对方左腕，同时，左手上前从对方左臂下穿入，以双手缠拿住对方左腕，同时，腰裆左转，双手正旋，拧住对方左腕向左侧引劲；左腿向前弹踢对方裆部。（图907）

图907

2. 左脚落地踏实站稳，左手拧住对方左腕不变，右手变拳，向前直击对方左肋。（图908）

要领说明：双手拧转对方左臂时，要做到以腰带手的整体劲；右拳击打要顺对方左臂腋下进入；要做到松肩沉肘，沉裆塌劲。

图908

用法二　破左拳右採双手反拧臂左腿扫摔砍脖法

1. 承接上式打法。当对方进左步出左拳攻击我面部时，我腰裆右转，右手反旋，从上向下掤採住对方左腕，左手上前从对方左臂上抓住对方前臂，以双手缠拿住对方左手，同时，腰裆加大右转，双手拧住对方左臂向其后侧背部拧转；左腿扣脚尖向前扫挂对方左脚，使其失去平衡而翻倒。（图909）

图909

2. 如果对方左腿抬起，躲过我的左扫腿，我顺势腰裆左转，左脚站稳踏实，左手拧住对方左臂掤住劲，右手抽出变掌，砍击对方后脖颈或后脑。（图910）

要领说明：整个动作要做到协调一致，完整一气；腰裆转换要圆活，右掌砍击要沉稳有力。

图910

第五十二式
左二肱

太极拳二路炮捶中，有左二肱和右二肱两个式子。很多太极拳爱好者在习练中往往分不清甚至也搞不懂其中的实战用法。很多人都以为左二肱和右二肱的两个崩拳用法是一样的，只是两个简单的崩拳而已，其实不然！左二肱是运用左肱的螺旋挒劲来缠挒对方的右臂，如果对方右转化解我的肱挒后，我左拳正旋上转，顺势用反崩拳砸击对方面部；如果对方用左手封架我左崩拳，我左手顺势反採向左侧引劲，以右前臂挒打对方的左肘反关节。此式的用法犹如兵法的"围城打援"。左二肱在应用中要做到腰裆发力；在化解右拳的攻击时，左肱部的出击，要反缠挒打对方的右臂反关节。相反地，如果是化解对方左臂的反攻，我的左肱就是正缠，这就是太极拳的阴阳变化规律。陈鑫在《太极拳图说》中早就提出："太极拳，缠法也，不明此，就不明拳。"所以，我们在练习太极拳时，处处要做到螺旋和缠丝，如果失去了缠丝劲，就一定要反思，说明肯定背离了陈式太极拳的理法和规律。

【动作一】步法不变，腰裆右转；右拳反旋回收至腹前，拳心朝下，同时，左臂松肩沉肘，左手变拳，以左前臂贴紧腹部，随腰裆右转向右侧领劲螺旋；目视前方。（图911）

要领说明：左二肱的名称就是以此动作的攻击而得名。此动作是运用左二肱的挒劲和捋劲的演变，进行多方位摔、打、拿等的技术。

图911

用法一　破右拳右采左二肱右捌法

当对方进右步出右拳攻击我面部时，我腰裆右转，右手正旋，掤采住对方右腕，顺势向右侧引劲，同时，左手变拳，在对方右臂下以左二肱掤住对方右臂肘关节，向右侧捌打。（图912）

要领说明：左手要做到松肩沉肘，领劲螺旋；左二肱捌打对方右肘反关节时，要以腰发力，劲力要完整合一。

图912

用法二　破右拳右采左二肱捌左腿后外缠别摔法

当对方进右步出右拳攻击我面部时，我腰裆右转，右手正旋，采住对方右腕，顺势向右侧引劲，左腿进步至对方右腿内侧，以后外旋缠掤对方右腿；同时，左手变拳在对方右臂下，顺势以左二肱捌打对方右臂肘关节，使其被捌摔而倒。（图913）

图913

图914

要领说明：此法在肱捌的基础上，添加了左腿的后外旋缠摔法。整个动作要做到协调一致，手脚相合，劲力完整合一。

【动作二】腰裆左转；左手变拳，向前方崩砸而出，拳高与眼齐，拳心朝后；目视左拳。（图914）

要领说明：右拳要正旋回收，左拳崩击要有弹性劲和螺旋劲，犹如拉紧的皮筋松开一样。此法非一个简单的普通崩拳，而是暗藏玄机，其中不仅包含了阴阳上下的捌法和打法，同时，还含有擒拿法。

用法一　破左拳右採左手正旋缠拿法

1. 当对方进左步出左拳攻击我面部时，我腰裆右转，右手正旋，掤採住对方左腕向右侧引劲，同时，左臂沉肘，左手领劲，以左二肱掤缠住对方左臂向右侧缠捋。（图915）

2. 腰裆左转，右手採住对方左腕不变，左手从对方左臂外正缠，以左肘缠捌对方左臂，将对方擒拿锁住。（图916）

要领说明：此动作是此式的阴阳变化打法。能破解右拳，就能化解左拳，这就是阴阳的变化。而此式是先利用左二肱的捋势，使其身体失去平衡或被牵动的刹那，由捋变外缠捌法。整个动作要一气呵成，缠绵不断，劲力贯穿。

图915

图916

用法二　破右拳右採左肱正旋掤挒左拳崩砸面部法

1. 承接上式打法。当对方进右步出右拳攻击我胸部时，我腰裆右转，右手正旋，掤採住对方右腕向右侧引劲，同时，随腰裆右转，以左二肱挒打对方右肘反关节。（图917）

2. 如果对方腰裆右转，右前臂反旋，化解我左二肱的挒打，并且挤靠劲反击我时，我腰裆顺势左转，右手採劲不变，左拳反旋，向上崩砸对方面部。（图918）

要领说明：左肱的挒打以及左拳的崩砸，要做到粘连黏随，缠绵不断劲，左臂不仅要做到松肩沉肘，同时还要处处有螺旋和缠丝劲。

图917

图918

用法三　破右拳右採挒拿左手崩砸断臂法

1. 当对方进右步出右拳攻击我胸部时，我腰裆右转，右手正旋，掤採住对方右腕，右掌侧沿下塌外碾，以右单手擒拿住对方右臂。（图919）

图919

2. 腰裆加大右转，右手掤挒劲不掉，左腿向前进步；同时，左手反旋，从上至下以崩拳砸击对方肘关节处，使其右臂断裂。（图920）

要领说明：右单手擒拿要做到右臂松肩沉肘，劲力通达到对方肩、肘、腕各处；力点虽在对方腕处，但能通达到对方身体，此法特别要注意劲力的渗透性。但此单手拿法较难理解，希望多加揣摩和练习。

图920

用法四　破左拳右採左肱正缠挒拿左手锁喉法

1. 当对方进左步出左拳攻击我面部时，我腰裆右转，右手正旋，掤採住对方左腕向右侧引劲，同时，左臂沉肘，左手领劲，以左二肱掤缠住对方左臂向右侧缠捋。（图921）

2. 腰裆左转，右手採住对方左腕不变，左手正缠，以左肘缠挒对方左臂，同时，左手向前变八字掌，掌心向下，锁掐对方咽喉。（图922）

要领说明：此动作在实战中，往往是由右手採对方左手进身摔而演变的打法。动作要求缠绵不断，协调一致；左臂要做到松肩沉肘；腰裆转换要圆活。

图921

图922

【动作三】步法不变，腰裆左转；左拳螺旋回收至腹前，右拳顺势向前方崩砸，拳高与眼齐；目视右拳。（图923）

要领说明：此动作是左手引劲、右拳反截击打或挒打的招法。此动作要做到松肩沉肘，腰裆转换要圆活；周身协调一致，劲力完整合一。

图923

用法一　破右拳右採左二肱挒崩砸面部变左採右挒肘法

1. 承接上式打法。当我右手採住对方右腕向右侧引劲，左臂放松，以左二肱挒打对方右肘反关节时，对方腰裆右转反用挤靠反击，我左拳顺势向前崩砸对方面部，而对方以左手掤接我的左拳攻击。（图924）

2. 我腰裆左转，左手正旋，反採住对方左腕向左侧引劲，同时，右手握拳，以右前臂向前螺旋挒打对方左肘反关节。（图925）

要领说明：左引右挒时，要以腰裆发力为主；腰裆要做到松转圆活；右臂发力要沉稳有力，身体要有松沉劲。

图924

图925

用法二　破右拳右採左二肱挒崩砸面部变左採右肘击左肋

1. 承接上式打法。当我右手採住对方右腕向右侧引劲，左臂放松，以左二肱挒打对方右肘反关节时，对方腰裆右转，反用挤靠反击，我左拳顺势向前崩砸对方面部，而对方以左手掤接我的左拳攻击。（图926）

2. 我腰裆左转，左手正旋，反採住对方左腕向左侧引劲，同时，右手握拳，以右前臂掤挒对方左肘反关节，同时，右肘下旋，顺势攻击对方左肋。（图927）

要领说明：右肘下旋攻击对方左肋时，右前臂的掤点不掉，也就是说，我的右臂以掤点为圆心，同时，右臂要做到松肩沉肘。

图926

图927

第五十三式
左变式打桩

左变式打桩，是指左拳在飞身崩拳击打时，顺势运用左手的收肘捋劲或挒劲，同时，借助于身体的旋转，来破坏对方的下盘稳定，以此达到攻击对方的目的。在右转身收肘运用捋劲或挒劲之时，一定要做到借力打力，不可以生拖硬拉。另外，周身一定要做到协调一致，劲力完整合一，腰裆转换要圆活，重心要稳定。

【动作一】腰裆右转；右拳螺旋回收至腹前；同时，右脚蹬地，左脚飞身向前跃起；左拳顺势反旋，随身法向前崩击；目视前方。（图928）

图928

要领说明：飞身进步要与左崩拳协调一致；左崩拳要有松活弹抖的爆发力，左臂要做到松肩沉肘；身体跃起时，身体要轻灵，头劲上顶，要把气血上提到百会穴；落步时，身体要沉稳。

用法一　破右拳右採左捋变飞身进步左崩拳击打面部法

1. 当对方进右步出右拳攻击我面部时，我腰裆右转，右手正旋，掤採住对方右腕，同时，左手反旋，掤住对方右臂向右侧收肘捋劲。（图929）

图929

2. 如果对方欲挣脱我的采捋抽身后撤，我顺势腰裆左转，借对方后撤之势，顺势跃步向前，右手採劲不变，左手变崩拳，随身法跃进砸击对方面部。（图930）

要领说明：飞身跃步左拳崩击时，左臂要做到松肩沉肘；左拳出击要有松活弹抖的爆发力。

图930

用法二　破右拳右手反採飞身进步左手切喉挒臂法

1. 当对方进右步出右拳攻击我面部时，我右手反旋，採住对方右腕，同时，左腿向前飞身进步，以左掌切击对方咽喉。（图931）

2. 腰裆加大右转，右手採劲不丢，随身体右转，以左侧胸部挒打对方右臂肘部反关节。（图932）

要领说明：左掌切击对方咽喉时，身体要有自转螺旋的掤挒劲 。

图931

图932

【动作二】上动不停。以左腿为轴，右腿向左腿后侧插步，身体右转180°；同时，右手在腹前正旋自转，左手收肘螺旋，随身体右转收至胸前；眼随手转。（图933）

要领说明：身体右转要做到腰裆松活圆转；左手的捋劲或挒劲要做到肩领肘、肘领手的节节贯穿；重心要稳定，身体要保持中正。

图933

用法一　破左拳左採右挒右手反採左崩拳变转身捋法

1. 承接上式打法。当我左手反採对方左腕，右臂挒打对方左肘反关节时，对方以右手採住我右手向其右侧引劲，同时，对方腰裆左转，欲化解我的挒劲。（图934）

2. 我腰裆左转，右手採劲不变，同时，以左崩拳砸击对方面部。（图935）

图934

图935

3. 身体右转180°，右手加大正旋採劲，左腿向前跃起，同时，右腿向左腿后插步，左手顺势反旋收肘，随身体右转加大向右后方捋势，使对方失去平衡而摔出。（图936）

要领说明：当左崩拳失机失势之时，左手顺势变捋，随身体右转加大旋转力。此式要做到周身协调一致，手、眼、身、法、步高度统一。

图936

用法二　破左拳左採右挒右手反採变转身左腿后外旋缠挒法

1. 承接上式打法。当我左手反採对方左腕，右臂挒打对方左肘反关节时，对方以右手採住我右手向其右侧引劲，同时，对方腰裆左转，欲化解我的挒劲。（图937）

2. 我腰裆左转，右手採劲不变，右腿蹬地跃起，左腿在前，同时，以左手掤住对方右臂。（图938）

图937

图938

3. 身体右转180°，右手加大正旋採劲，同时，右腿向左腿后插步，左手顺势反旋收肘，缠挒对方右臂，随身体右转之机，左腿顺势前内缠挒对方右腿，达到控制对方的目的。（图939）

要领说明：转体时，身体要保持中正，腰裆转换要灵活松圆；左腿前内缠挒时，左手要配合收肘和挒劲；整个动作要一气呵成，缠绵不断，劲力贯穿。

图939

用法三　破右拳右採左捋左崩拳变右转身右肘撞击法

1. 当对方进右步出右拳攻击我面部时，我腰裆右转，右手正旋，掤採住对方右腕向右侧引劲，同时，左手反旋，掤住对方右臂顺势向右侧捋劲。（图940）

2. 左腿向前跃起，身体右转180°，左手顺势从内侧缠抱住对方右臂回收，同时，随身体右转，以左侧身体挒打对方右肘反关节；同时，右腿向后插步，右肘顺势随身体右转向后撞击对方右肋处。（图941）

要领说明：此动作是崩拳后变转体运用右肘撞击法。右肘撞击要有爆发力；重心要平稳，身法要中正，腰裆要圆活。

图940

图941

第五十四式
左回头当门炮

左回头当门炮是向左侧转身右拳出击的拳法。在这里，我想提醒大家注意的是，左回头当门炮的技法是左拳搠挤或捌靠、以右拳发力击打的招法。它的招法演练从外表看似与左拳炮捶大致相同，但其技击特点大不同，左炮拳是前拳攻击，而当门炮则是后手重拳出击，这是左、右回头当门炮和左、右拳炮捶的区分之处。

回头当门炮是当门炮转身破解身后的变式运用。而左当门炮就是左转身左手搠化左右拳脚，而以右手重击进行反击的打法。要做到周身协调一致，劲力完整合一，右拳出击要有爆发力。

【动作一】腰裆右转，右腿向后微撤步；右手在腹前加大正旋自转，同时，左手向右侧螺旋收肘捋劲；目视左前方。（图942）

要领说明：此法是退步的收捋之法。退步是借助对方的来力，加大对其的捋势，以求达到借力打力之妙。

图942

用法一　破右拳右採退步左捋法

图943

当对方进右步出右拳攻击我面部时，我右腿向后撤退，腰裆右转，右手正旋，採住对方右腕，同时，左手反旋，掤住对方右臂向右侧捋劲。（图943）

要领说明：此动作是退步的收捋之法，与普通捋法一样，只是多了个退步，以此增加收捋之势。此法多应用于对方的快速进攻，以退步防守的採捋，达到借力打力之妙。

用法二　破右拳右採退步左挒法

图944

当对方进右步出右拳攻击我面部时，我右腿向后撤退，右手正旋採住对方右腕，同时，左手反旋，掤住对方右肘反关节，向右前方分劲挒打。（图944）

要领说明：退步时，身体要平稳；挒劲时，要做到以腰裆发力。腰裆转换要圆活，步法要沉稳，身体要中正。

图945

【动作二】腰裆左转，左手变拳反旋领劲向前，拳心朝斜前下方，同时，右拳反旋向前击出；目视右拳。（图945）

要领说明：左拳是反旋的挤劲和挒劲，右拳出击时，要做到松肩沉肘，以腰发力，力达脚底；劲力要完整合一，周身要协调一致。

用法一　破右拳右採退步左捋变左掤右挒掤法

1. 承接上式打法。当对方进右步出右拳攻击我面部时，我右腿向后撤退，腰裆右转，右手正旋採住对方右腕，同时，左手反旋，掤住对方右臂向右侧捋劲。（图946）

图946

2. 腰裆左转，右手正缠自转缠拧，左手反旋，缠掤住对方右臂沉劲向下挒，同时，随腰裆左转向左前方掤发。（图947）

要领说明：左手反旋时，要有掤挤的螺旋劲；右手在掤发时，不仅要随腰裆左转协调一致，同时，右手要有自转的螺旋劲，就如同用螺丝刀拧螺丝钉的螺旋劲。

图947

用法二　破右拳左正旋掤化右拳击打腹部法

当对方进右步出右拳攻击我面部时，我腰裆左转，左手从对方右臂下正旋向上螺旋掤化，同时，右拳随身体左转，攻击对方腹部。（图948）

要领说明：左手的掤化与右手的攻击，这是一个阴阳的变化，即左阴右阳，左防右攻，左隐右现。也就是说，在防守的同时，身体要做到完整一气，防中即攻，只有做到劲力完整合一，才能一触即发，达到有效攻击对方的目的，使对方防不胜防。

图948

用法三　破左拳右采身掤左挒右拳击打肋部法

1. 当对方进左步出左拳攻击我面部时，我腰裆右转，右手正旋，掤採住对方左腕，同时，左手从对方左臂下穿入，缠挒住对方左臂。（图949）

图949

2. 如果对方左肘关节受到我的挒劲后，突然松肩坠肘，化解我的左挒之劲时，我身体加大左转，左手沉劲随掤缠挒其左臂，同时，右拳顺势击打对方左肋。（图950）

图950

要领说明：此法是运用身体的掤法，以左手来挒打对方的左肘关节，同时，在对方身体无法转换的情况下，以右拳偷袭对方的左肋。整个动作要做到粘连黏随，掤劲不掉，一气呵成。

用法四 破右蹬腿右直拳右抄左挒变左挤靠右掌按击法

1. 当对方以右蹬腿攻击我腹部时，我右手反旋，抄住对方右脚跟，腰裆微右转，左手反旋，顺势沉劲挒压对方右膝关节。（图951）

2. 对方见右腿失势，腰裆左转，急以右拳攻击我的头部时，我腰裆左转，左手正旋採住对方右臂并向前挤靠；同时，右手松开对方右腿，以右掌按击对方胸部。（图952）

要领说明：整个动作要做到一气呵成，动作缠绵不断，行云流水一般；右掌按击对方胸部时，劲力要完整合一，要有沉裆、塌腕的渗透力。

图951

图952

第五十五式
右二肱

右二肱与左二肱动作相反，用法相同。这是左右的阴阳变化，主要是练习右二肱技术的运用或反击。此两法技击虽相同，但两式在讲解中也有所不同，望大家两式参考研修。

此式要做到腰裆发力，在化解右拳的攻击时，右二肱部的出击，要反缠挒打对方的左臂反关节。当对方左转化解我右二肱的挒劲时，我右臂放松，右手正旋，以右拳崩击对方面部，若对方右手掤架，我腰裆右转，右手反採对方右腕，以左前臂挒打对方肘关节。

【动作一】接上动。腰裆左转；左手採手向左侧引劲，右手握拳以前臂贴紧腹部，随腰裆左转向左侧螺旋；目视右前方。（图953）

要领说明：右二肱的名称就是以此动作的攻击而得名。此动作是练习右二肱的挒劲或摔法。在近身缠斗时，以右二肱为发力支点，可以运用肱捋、肱挒、肱挤等技法，由此而衍生了摔、打、拿等技术的变化。

图953

用法一　破左拳左采右二肱捋法

当对方进左步出左拳攻击我面部时，我腰裆左转，左手正旋，掤采住对方左腕向左侧引劲，同时，右臂松肩沉肘，右手领劲向左侧旋转，以右二肱部位掤住对方左臂向左侧捋劲。（图954）

图954

要领说明：此法是近身时的肱捋之法。腰裆转换要圆活，身体处处要有掤劲；做到中正安舒，立如秤准；右臂要做到松肩沉肘，右手要领劲和自转螺旋。

用法二　破左拳左采右二肱挒法

当对方进左步出左拳攻击我面部时，我腰裆左转，左手正旋，掤采住对方左腕向左侧引劲，同时，右臂松肩沉肘，右手领劲向左侧旋转，以右二肱向左侧挒打对方左肘反关节。（图955）

图955

要领说明：腰裆要松转圆活，身体要有掤劲；右二肱挒打对方左肘反关节时，要有爆发力，右臂要做到松肩沉肘和领劲螺旋。

用法三　破左拳左采右二肱挒右腿后外旋别摔法

1. 当对方进左步出左拳攻击我面部时，我腰裆左转，左手正旋，掤采住对方左腕向左侧引劲，右腿进步至对方左腿内侧以后外旋转，掤缠对方左腿，破坏其平衡和下盘的稳定。（图956）

图956

2. 腰裆左转，右臂松肩沉肘，右手领劲向左侧旋转，以右二肱部位挪住对方左肘反关节向左侧挒打，使其前仆而倒。（图957）

图957

要领说明：此法是在肱挒的基础上，配合右腿后外缠的别摔。此法就是太极衍生四象、八卦的变化。在习练太极拳时，太极八法以及三节的变化，都融汇在每招每式之中，要想真正练好太极拳，就必须懂得阴阳的变化和节节的贯穿，只有深谙太极拳理，才能举一反三，达到融会贯通的高境界。

用法四　破右拳左採右二肱挪捋右肘撞击法

1. 当对方进右步出右拳攻击我面部时，我腰裆左转，左手正旋，挪採住对方右腕，右腿进步至对方裆前；同时，以右二肱挪住对方右臂内侧向左侧引劲。（图958）

图958

2. 腰裆右转，左手採劲不丢，右臂微松，右肘领劲反旋，以右肘向右侧撞击对方右肋。（图959）

图959

要领说明：右二肱的左捋，要以腰带手，劲力要做到完整合一；右肘反旋回撞，右臂做到松肩沉肘，以肘领手，以腰发力；腰裆转换要圆活，发力要做到松活弹抖。

用法五　破右拳左采右二肱掤捋右腿别摔法

1. 当对方进右步出右拳攻击我面部时，我腰裆左转，左手正旋，掤採住对方右腕，右腿进步至对方裆前，同时，以右二肱掤住对方右臂内侧向左侧引劲。（图960）

2. 腰裆左转，右腿继续进步至对方右腿外侧后外旋转，顺势以右二肱掤住对方右臂内侧向左侧引劲，将其别摔而倒。（图961）

要领说明：此法是利用右二肱的掤法和右腿的后外旋缠丝劲的别摔，以达到发放对方的招法。此法要做到右二肱在掤劲左引时要有螺旋劲；右腿后外缠要做到自转缠掤。

图960

图961

【动作二】腰裆加大左转，左手在腹前正旋自转；同时，右手握拳正缠向右前方反崩拳，目视右拳。（图962）

要领说明：此动作根据右二肱的捋、挒、挤、靠等，随对方身体右转的掤化，而演化出右崩拳的连续打法以及摔法和擒拿法。要求周身协调一致，劲力完整合一；腰裆转换要圆活；右崩拳要做到松肩沉肘，要有松活弹抖的爆发力。

图962

用法一　破左拳左采右二肱捌变右拳崩砸面部法

1. 当对方进左步出左拳攻击我面部时，我腰裆左转，左手正旋，掤採住对方左腕向左侧引劲，同时，右臂松肩沉肘，右手领劲向左侧旋转，以右二肱部位掤住对方左肘反关节向左侧捌打。（图963）

2. 如果对方身体右转，想化解我的肱捌时，我顺势腰裆右转，左手採劲不变，右手反旋变拳向上崩砸对方面部。（图964）

要领说明：整个动作要做到完整一气，缠绵不断，劲力贯穿；腰裆转换要圆活；右臂要做到松肩沉肘，反崩拳要有松活的弹性劲。

图963

图964

用法二　破左拳左采右二肱捌变右挤靠摔法

1. 当对方进左步出左拳攻击我面部时，我腰裆左转，左手正旋，掤採住对方左腕向左侧引劲，右腿进步至对方左腿后侧；同时，右臂松肩沉肘，右手领劲向左侧旋转，以右二肱部位掤住对方左肘反关节向左侧捌打。（图965）

图965

2. 如果对方身体右转，想化解我的肱挒时，我腰裆右转，左手採住对方左腕不变，右手正旋领劲向前变挤靠；同时，右腿缠住对方左腿向后内缠回收，将对方挂摔挤靠而倒。（图966）

图966

要领说明：此法由右二肱变化为挤靠挂摔的招法。整个动作要一气呵成，右手不仅要做到松肩沉肘，还要右手领劲螺旋，掤劲不丢。

【动作三】腰裆右转；右拳变掌向右腹前採引，同时，裆劲下塌，左手变拳反旋，以左前臂向胸前塌裆发力；目视前方。（图967）

图967

要领说明：此法是右引左击之法。右手反缠对方右腕后引时，可以用左前臂挒打对方右肘反关节；同时，也可以在右引劲对方来不及反应时，左拳直接攻击对方面部。出手要快捷，右手要放松，做到攻中有防，刚中带柔。

用法一　破左拳左採右二肱挒右崩拳变右採左臂挒肘法

1. 对方用左拳攻击我，我左手採住对方左腕，右二肱挒对方左臂；对方身体左转欲化解我的肱挒，我腰裆右转，顺势以右崩拳砸击对方面部；对方以右手掤架我的右崩拳。（图968）

图968

2. 我腰裆继续右转，右手反采对方右腕向右侧引劲，同时，沉裆塌劲，左臂松肩沉肘，以左前臂向前挒打对方右肘反关节。（图969）

图969

要领说明：此法属于右引左打之式，在兵法中如同“围城打援”之法。太极的阴阳变化，就是阴不离阳，阳不离阴，阴阳互济。拳法的虚实、攻守的变化都是随机而变，虚者实之，实者虚之，虚虚实实。然而，有很多拳家将太极拳的虚实从拳架子上来划分区别，就大错特错了。希望大家在行拳走架时，要将拳法练活，不要一味地死练拳、练死拳，把本是变化万端的太极拳，练成了呆板、不会变化的体操了。

图970

用法二　破左拳左采右二肱挒右崩拳变右采左二肱挒打

1. 对方用左拳攻击我，我左手採住对方左腕，右二肱挒对方左臂；对方身体左转欲化解我的肱挒，我腰裆右转，顺势以右崩拳砸击对方面部；对方以右手挪架我的右崩拳。（图970）

2. 我腰裆继续右转，右手反采对方右腕向右侧下方引劲，同时，沉裆塌劲，左臂松肩沉肘，左手向右侧领劲螺旋，用左二肱挒打对方右肘反关节。（图971）

图971

要领说明：此法是左右的二肱变化挒法。要求做到腰裆转换要圆活；要以腰胯发力，劲力要完整合一。

用法三　破左拳左採右二肱挒右崩拳变右採左崩拳击打面部

1. 对方用左拳攻击我。我左手採住对方左腕，右二肱挒对方左臂；对方身体左转欲化解我的肱挒，我腰裆右转，顺势以右崩拳砸击对方面部；对方以右手掤架我的右崩拳。（图972）

2. 我腰裆继续右转，右手反採对方右腕向右侧下方引劲，同时，沉裆塌劲，左臂松肩沉肘，左拳随腰裆左转，突然反旋，以反崩拳砸击对方面部。（图973）

要领说明：此法是右二肱挒右崩拳变右採左崩拳的打法。此动作的运用在于手法的快捷迅速，右手反採后，左手变崩拳砸出，使对方来不及反应和防守。整个动作要一气呵成，劲力贯穿始终；左崩拳击打时，左臂要做到松肩沉肘，以腰发力。

图972

图973

第五十六式
右变式打桩

右变式打桩与左变式打桩是左右式子的演化，动作虽然相同，但用法却相反。这是左右的阴阳变化动作，要求左右反复练习，在实战中才能左右逢源，得心应手，随心所欲。此式是运用右手转身破坏对方下盘稳定的招法。当对方下盘沉稳，无法对其进行有效的攻击时，我利用身体的旋转来破坏对方下盘稳定。此法要劲力合一，周身协调一致。

【动作一】腰裆左转；左拳螺旋回收至腹前；同时，左脚蹬地，右脚飞身向前跃起；右拳顺势反旋，随身法向前崩击；目视前方。（图974）

要领说明：此法是飞身跃步的前击法。此法的攻击原则，一是对方左、右手被我左手採住后，欲抽身后退，我顺势跃步前击；二是对方被我採住后，我左腿在前，由于距离的原因，只有跃步向前，才能达到攻击的目的。

图974

用法一　破左拳左采右捋变飞身进步右崩拳击打面部法

1. 当对方进左步出左拳攻击我面部时，我腰裆左转，左手掤採住对方左腕向左侧引劲，同时，右手反旋，掤住对方左臂外侧向左侧捋劲。（图975）

2. 如果对方左臂反旋变挤劲化解我的捋势后，欲抽身后退，我左手採劲不变，腰裆右转，左腿蹬地，右腿向前跃步，右手顺势变崩拳崩砸对方面部。（图976）

要领说明：此式的右崩拳是借力打力之法。身法要灵活，出拳要有崩弹劲，右手出击不可过高，粘黏劲不丢。

图975

图976

用法二　破左拳左手反採飞身进步右掌切喉捌臂法

1. 当对方进左步出左拳攻击我面部时，我腰裆右转，左手反旋，从上向下採住对方左腕；同时，左腿蹬地，右腿向前跃步，右掌顺势向前切击对方咽喉。（图977）

图977

2. 如果对方右手化开我的右掌，我腰裆左转，左手採劲不丢，右手顺势反旋前挤，以身体左转缠捌对方左肘反关节。（图978）

要领说明：右手挤劲要做到自转螺旋；身体左转捌打对方左臂肘关节时，身体要有自转的掤劲。

图978

用法三　破左拳左採右捌跃步右掌反盖打法

1. 对方进左步出左拳攻击我面部，如果我左腿在前，右腿来不及进步时，我腰裆左转，左手掤採住对方左腕向左侧引劲，同时，右手反旋，以右前臂掤住对方左肘关节，向左前方分劲捌打。（图979）

2. 如果对方腰裆左转，左臂松肩沉肘，同时反旋化解我的捌劲，我左脚顺势蹬地跃起，同时，右掌反盖对方面门。（图980）

要领说明：此法为取上击下之打法。拳法的运用在于虚实结合，实则虚之，虚则实之，只有做到虚虚实实，才能在实战中得心应手，随心所欲。

图979

图980

【动作二】上动不停。以右腿为轴，左腿向右腿后侧插步，身体左转180°；同时，左手正旋在腹前自转，右手螺旋收肘，随身体左转收至胸前；眼随手转。（图981）

要领说明：此动作是右手引劲左转身的捋、挒、挤、靠、肘的摔打法。

图981

用法一　破右拳右採左挒左手反採右崩拳变转身捋摔法

1. 对方进右步出右拳攻击我面部，我腰裆右转，右採左挒；对方左手反採左腕，右臂反旋化解我的挒劲。（图982）

2. 我左手反採对方左腕向左侧引劲，同时，右手向前掤住对方左臂，跳转身左转180°向后收肘捋劲。（图983）

图982

图983

3. 腰裆加大左转，左手採劲不丢，右手借势向左后方捋劲，使其失控而出。（图984）

图984

要领说明：此法是在反採对方左腕的情况下，跳转身加大捋势。此式对方往往注意不到，是突然改变了捋劲的方向。此动作要求做到立如秤准，中正安舒，使对方察觉不到我的意图。

用法二　破右拳右採左挒左手反採右崩拳变转身挒摔法

1. 对方进右步出右拳攻击我面部，我腰裆右转，右採左挒；对方左手反採左腕，右臂反旋化解我的挒劲。（图985）

2. 我左手反採对方左腕向左侧引劲；右腿向左前方跃步跳进，同时，左转身180°，右手挒打对方左肘反关节。（图986）

要领说明：此式与上式所不同的是，上式是转身捋劲，而此式是转身挒劲。捋法要做到肘领手，而挒劲则是手领肘的螺旋缠丝。跳转身体时，要做到身体中正安舒，步法灵活，松肩沉肘。

图985

图986

用法三　破右拳左采右夹脖转身别摔法

1. 当对方进右步出右拳攻击我面部时，我腰裆左转，左手掤采住对方右腕，右腿跃起进步至对方裆前，右手缠住对方脖颈，同时，填腰进胯。（图987）

2. 身体贴紧对方身体，右手领劲向前，以右臂夹住对方脖颈，左手採住对方右手向左侧引劲，右腿顺势缠住对方右腿外侧，身体掤劲，将对方别摔而倒。（图988）

要领说明：此法是左採右手的进步夹脖别摔。整个动作要一气呵成，劲力完整合一。

图987

图988

用法四　破左拳左手反採右崩拳变左转身右腿前内旋缠捌法

1. 当对方进左步出左拳攻击我胸部时，我左手反旋，从上向下採住对方左腕，同时，腰裆左转，右拳以崩拳砸击对方面部。（图989）

图989

2. 如果对方用右手採住我的右崩拳，我右拳变掌，顺势正缠採住对方右腕，同时，左手採劲不丢，右腿顺势进步至对方左腿后侧，腰裆左转，右腿以前内旋转，缠捌对方左腿，另外，用身体左转的缠丝劲捌打对方左肘反关节。（图990）

图990

要领说明：此式要做到粘连黏随，不丢不顶，劲力缠绵不断。

用法五　破左拳左手反採右崩拳变转身右腿后外旋缠摔法

1. 当对方进左步出左拳攻击我胸部时，我左手反旋，从上向下採住对方左腕，同时，腰裆左转，右拳以崩拳砸击对方面部。（图991）

2. 如果对方用右手採住我的右崩拳，我右拳变掌，顺势反缠採住对方右腕，同时，左手採劲不丢，右腿顺势进步至对方裆前，腰裆左转，右腿以后外旋转，缠捌对方左腿，使其前仆；另外，用身体左转的缠丝劲捌打对方左臂肘部反关节。（图992）

要领说明：此式与上式的区别在于，上式是右腿前内旋的捌法；而此式是后外旋的捌法。此式在捌打对方左肘反关节时，要注意身体的松沉劲。

图991

图992

用法六　破左拳左採右捋右崩拳变左转身左肘撞击法

1. 当对方进左步出左拳攻击我胸部时，我左手反旋，从上向下採住对方左腕，同时，腰裆左转，右拳以崩拳砸击对方面部。（图993）

2. 如果对方用右手採住我的右崩拳，我右拳变掌，顺势反缠採住对方右腕，同时，左腿向左后方插步，身体左转180°，右手採劲不丢，身体缠掤住对方左臂，左手松开对方左腕，以左肘转身撞击对方左肋。（图994）

要领说明：左转身时，身体要有缠丝劲，掤缠中还要有往前的挤劲，使身体缠掤住对方左臂；另外，左肘撞击要有弹性的爆发力。

图993

图994

第五十七式
右回头当门炮

右回头当门炮与左回头当门炮用法相同，动作相反，是当门炮的左右变式练法。其左右理法相同，要求身体轻灵快捷，腰裆转换要圆活，身体要平稳、中正，步法要灵活，出拳要做到以腰发力，同时，还要有松活弹抖的爆发力。

【动作一】腰裆继续左转；左手在腹前自转正旋，右手向左侧收肘捋劲；同时，左腿向左后方退步，右腿随之后退小半步；目视右前方。（图995）

图995

要领说明：此动作是左採右捋或挒的退步掤法。要做到手与脚合，步法进退自然，身体要保持中正。

用法一　破右拳左採退步右手抱臂转身别摔法

1. 当对方进右步出右拳攻击我面部时，我腰裆左转，左手正旋，掤採对方右腕向左侧引劲，同时，左腿向后退步，右手从对方右臂下穿入，缠抱住对方右臂向左侧继续引劲。（图996）

图996

2. 腰裆继续左转，左手採劲不变，右手加大螺旋，同时，右腿进步至对方右腿外侧，随腰裆左转，右腿后外旋转，将对方别摔而倒。（图997）

要领说明：此法是在对方快速进攻的情况下的左採右捋的抱臂别摔法。此动作体现在借力打力，整个动作要做到一气呵成。

图997

用法二　破左手抓左肩左採退步右上捋法

1. 对方左腿在前，用左手揪抓住我左肩。（图998）

2. 我左手反旋，从上抓住对方左腕，腰裆左转，右手反旋掤住对方左臂，向左侧退步收肘捋劲，使对方失控而栽倒。（图999）

要领说明：此退步捋法，是化解抓肩的有效破解法。如果对方身材高大或力气较大，我可借势采用退步捋法，这样可以借助步法的后退加大捋势。捋劲时，一定要做到肩领肘、肘领手的节节贯穿。

图998

图999

【动作二】腰裆右转；右手正缠领劲向前掤旋，左手变拳，随腰裆右转向右前方螺旋击出；步法成右弓步；目视右前方。（图1000）

要领说明：此当门炮的打法是右臂的掤架，左手的重拳出击。右手的掤劲要做到螺旋领劲，腰裆要松转圆活；左拳发力要做到力达脚底，劲力合一。

图1000

用法一　破左拳左採右捋右转身挫打肩关节法

1. 当对方进左步出左拳攻击我面部时，我腰裆左转，左手正旋，採住对方左手腕向右侧引劲，同时，右手反旋，掤住对方左臂外侧向左侧收捋。（图1001）

2. 如果对方化解了我的捋劲欲抽身后撤时，我左手採劲不丢，腰裆右转，右手沉劲缠掤住对方左臂反旋掤发，使我的力量通过对方左臂直达其左肩关节处，使其左肩脱臼或受伤。（图1002）

要领说明：右转发力时，要使劲力直达其肩关节；腰裆转换要圆活，发力要有弹性的爆发劲；右臂要做到松肩沉肘和领劲螺旋。

图1001

图1002

用法二　破左拳左采右捋变右挤左按法

1. 当对方进左步出左拳攻击我面部时，我腰裆左转，左手正旋，采住对方左手腕向右侧引劲，同时，右手反旋，掤住对方左臂外侧向左侧收捋。（图1003）

2. 如果对方腰裆左转，化解我的捋劲时，我腰裆右转，右手沉劲反旋，掤挤住对方左臂，同时，左手变掌按击对方心口。（图1004）

要领说明：此式是左採右捋变右挤左按的打法，此式在太极拳中是常用手法。右挤时，右臂要做到松肩沉肘，要以松沉劲掤住对方左臂；左掌按击时，要沉裆塌腕，劲力要完整合一，力达脚底。

图1003

图1004

用法三　破左拳左采右下捌变右掤架左拳击打法

1. 当对方进左步出左拳攻击我面部时，我腰裆左转，左手正旋，採住对方左手腕向右侧引劲，同时，右手变拳，从对方左臂下螺旋领劲，向左侧捌打对方左臂肘关节。（图1005）

图1005

2. 如果对方左臂沉劲反旋，化解我的捋劲时，我腰裆右转，右手顺势正旋掤化对方左臂，同时，左手变拳，趁势攻击对方胸口或面部。（图1006）

要领说明：此式是对方化解我下捋劲的变式打法。要求做到手法粘连黏随，缠绵不断，不管对方如何变化，只要做到听劲和懂劲，就能做到游刃有余，胸有成竹。

图1006

用法四　破右蹬腿左抄右捋变右挤靠挂腿摔

1. 当对方用右蹬腿攻击我腹部时，我腰裆微左转，左手反旋收手，勾挂住对方右脚跟，同时，右手掤按住对方右膝关节处，欲捋摔对方。（图1007）

2. 如果对方出右拳攻击我头部，欲解右腿之围时，我顺势腰裆右转，右手正旋，掤架对方右拳。（图1008）

图1007

图1008

3. 腰裆左转，左手抄住对方右腿不变；同时，右腿进步至对方右腿后侧，将对方挤靠、挂摔而倒。（图1009）

要领说明：此法是破解腿法的示例。其实，任何一招都能破解左、右手法和左、右腿法的攻击，其理法相同，这就是阴阳的变化，也就是人们常说的“道”。很多习太极拳者之所以不懂变化，就是不懂阴阳的理法，拳法的宗旨就是以不变应万变，看似都是基本的功夫，用时则变化无穷。

图1009

第五十八式
撇身捶

二路炮捶共有两个撇身捶，上一个是承接庇身捶之后，而此式是在右回头当门炮之后。两个式子从练法上看似相同，而其实质上的变化打法恰恰相反，应该说，此两个相同的招法是一阴一阳的变化。前一个是在对方逃跑的情况之下的主动出击，而此式则是在对方防守情况下的被动反击。所以说，我们在练习太极拳时，要仔细探究太极的阴阳变化之理，如果不懂阴阳的变数，只是从拳架外表形式上去理解其技击内涵，就会成为盲人摸象，偏离太极拳的真正主题。正如王宗岳在《太极拳论》中所言“差之毫厘，谬以千里”，最后难登太极殿堂。

此式第一动要注重右拳、右肘、右肩的靠击和打法，要做到节节贯穿，劲力完整合一；而第二动，则要注意右手的反採和左拳的劈击，整个动作要缠绵不断，一气呵成。

【动作一】腰裆左转；左手在腹前反旋自转，步法由右弓步变马步；右拳领劲向左侧螺旋发力，拳心朝前；目视左前方。（图1010）

要领说明：此动作主要是右手的三节变化打法，而左手是防守对方身法右移后的右拳攻击。整个动作要做到攻中有防、防中有攻，要真正懂得拳法虚实攻守的奥妙。

图1010

用法一　破左拳左采右按变左正旋掤化右摆拳击打面部法

1. 当对方进左步出左拳攻击我胸部时，我左手採住对方左腕向左引劲，腰裆右转，右前臂缠掤住对方左臂，右掌掤住对方胸部，向右前方掤发或按击。（图1011）

2. 对方左臂松肩沉肘，腰裆顺势左转，化解我的右掌挤按，以右拳攻击我面部时，我腰裆微左转，左手正旋掤化对方右拳，同时，右拳顺势随腰裆左转螺旋摆拳击打对方头部。（图1012）

要领说明：此动作左手含有阴阳的变化，此式采用正旋掤化，也可以根据对方出拳的位置和角度，采用反旋採、捋等。右拳在击打时，要做到以腰带手，劲力要完整合一。

图1011

图1012

用法二　破左拳左採右按变左引右肘盖砸面部法

1. 当对方进左步出左拳攻击我胸部时，我左手採住对方左腕向左引劲，腰裆右转，右前臂缠掤住对方左臂，右掌向右前方掤发或右挤左按。（图1013）

图1013

2. 对方左臂松肩沉肘，化解我的挤按，左转身以右拳攻击我面部时，我腰裆微左转，左手反旋，缠掤对方右拳向右侧螺旋引化，同时，右臂随腰裆左转顺势屈肘，以右肘反旋盖砸对方面部。（图1014）

要领说明：此法是右臂中节的盖肘打法。动作要做到一气贯穿，缠绵不断。左手要有螺旋的粘黏劲，右肘砸击要有松沉的活劲。

图1014

【动作二】腰裆右转；右拳变掌，正旋採手向前上方引劲，同时，左手变拳，随腰裆右转向左侧反旋撩出；步法由马步变左偏马步；目视左拳。（图1015）

要领说明：此式的攻击特点是，当我破解对方右拳左採右挤攻击对方时，对方左臂松肩沉肘，腰裆左转化解我的攻击后，右腿右移以右拳攻击我头部；我右手变採的反击之法，前一动是左手化解，而后一动则是用右手化解的反击打法。也可以是在我右拳出击后，对方採住我的右手，我顺势反採的连续进击打法，而此打法变化就不再赘述。

图1015

用法一　破左拳左採右按变右採左崩拳砸击面部法

1. 对方出左拳，我左採右捋变右挤左按攻击对方；对方左臂松肩沉肘化解我的挤按，同时，右步右移，出右拳攻击我头部。（图1016）

2. 我腰裆左转，右手正旋採住对方右腕，腰裆右转，向右侧引劲，同时，左手变拳，从对方右臂内侧向上崩砸对方面部。（图1017）

要领说明：此法是对方避开我的挤按后，用右拳攻击我的头部，我右手向右侧採引，以左崩拳劈砸对方面部的打法。动作要一气呵成，要松肩沉肘；左拳崩砸时，要有松活弹抖的崩炸劲。

图1016

图1017

用法二　破左拳左採右按变右採左挒打肘关节法

1. 当对方出左拳，我左採右按攻击对方；对方左臂松肩沉肘化解我的按劲，同时，右步右移，出右拳攻击我头部，我右手顺势正旋，採住对方右腕向右侧引劲。（图1018）

图1018

2. 我腰裆右转，右手採住对方右腕向右后方向引劲，同时，左臂屈肘，以前臂向前捌靠对方右肘反关节。（图1019）

要领说明：此动作是右引左捌之法。腰裆转换要圆活；左臂要做到松肩沉肘，发力在腰胯。

图1019

用法三　破左拳左採右按变右採左挤左脚挂摔法

1. 对方出左拳，我左採右挤攻击对方；对方左臂松肩沉肘化解我的挤按，同时，右步右移，出右拳攻击我头部，我右手顺势正旋，採住对方右腕向右侧引劲。（图1020）

2. 我腰裆左转，右手採劲不变，左臂螺旋上挤；同时，左腿勾挂住对方左腿后侧向后耙拉，将对方挂摔而倒。（图1021）

要领说明：此动作要上下协调一致，劲力完整合一。这就是所谓“彼不动，我不动；彼若动，我先动”的后发制人、以静制动的基本原则。

图1020

图1021

第五十九式
拗拦肘

在二路炮捶拳架中，有拗拦肘、飞步拗拦肘和顺拦肘等几式有关肘法的专门招法演练。其实，在其他的招式运用中，肘法的运用也很详尽和广泛，而此几式的命名具有着特殊性。拗拦肘和顺拦肘，是一阴一阳的变化。拗，在汉语中就是折断的意思。相反地，顺，自然就是指顺遂、顺势之意。所以说，两式的劲力是阴阳的变化。从这一点分析，我们就搞清了招法的运用特点，在训练和实战中，就有方向和目标了。拗拦肘主要是以挒法为主的肘法。要以腰裆螺旋发力，身体要保持中正安舒，沉裆塌劲。

【动作一】左脚尖外摆，腰裆左转；左拳变採手向左侧引劲，同时，右臂屈肘向胸前领劲螺旋，拳心朝后；目视前方。（图1022）

要领说明：左手採手要做到粘连黏随；右前臂挒打发力时，要做到以腰裆发力；身体要保持中正；右拳挒打时，右拳要螺旋领劲。

图1022

用法一　破右拳右採左劈拳变左採右挒左臂法

1. 当对方进右步出右拳攻击我时，我右手採住对方右腕，以左劈拳崩砸对方面部；如果对方起左手封架我的左劈拳时。（图1023）

2. 我腰裆左转，左拳变掌，顺势反採对方左腕向左侧引劲，同时，右臂屈肘领劲螺旋，用右前臂沉劲挒打对方左肘反关节。（图1024）

要领说明：此法是承接左劈拳的挒劲打法。在实战中，我们可以见机行事，不仅可以见招拆招，也可以借势打势，万法归于一心。挒劲时，要以腰裆发力；採手要做到粘连黏随，不丢不顶。

图1023

图1024

用法二　破右拳右採左劈拳变左採右搠肩靠法

1. 对方进右步出右拳攻击我，我右手採住对方右腕，以左劈拳崩砸对方面部；对方起左手封架我的左劈拳。（图1025）

图1025

2. 我腰裆左转，左拳变掌，反采对方左腕向左侧引劲，同时，用右前臂挒住对方左臂，顺势用右肩靠击对方肋部，使其摔跌而出。（图1026）

要领说明：右肩靠击时，右前臂挒住对方右臂即可，要做到松肩沉肘；右肩发力时，要力达脚底，重心稳固，发力在腰。

图1026

用法三　破右拳左劈拳变左採右捌右肘挑击法

1. 对方进右步出右拳攻击我，我右手採住对方右腕，以左劈拳崩砸对方面部；对方起左手封架我的左劈拳。（图1027）

2. 我腰裆左转，左拳变掌，反採对方左腕向左侧引劲，同时，右臂屈肘领劲螺旋，用右前臂沉劲捌打对方左肘反关节。（图1028）

图1027

图1028

3. 如果对方左臂沉肘左转，破坏我的挒劲时，我左手採劲不丢，右肘顺势正旋，右肘趁势向上挑击对方左肋。（图1029）

要领说明：整个动作要做到粘连黏随，一气呵成；右臂的劲力转换要做到刚柔相济，即右臂实用挒劲时，要有腰裆带动的爆发力；右肘转换攻势时，要做到松柔圆活。

图1029

用法四　破右拳右採左劈拳变左採右挒左挂腿挤摔法

1. 承接上式打法。我右手採住对方右腕，以左劈拳崩砸对方面部，对方起左手封架我的左劈拳。（图1030）

2. 我腰裆左转，左拳变掌，反採对方左腕向左侧引劲，同时，右臂屈肘领劲螺旋，用右前臂沉劲挒打对方左肘反关节并向前方挤靠；同时，左腿勾挂住对方右腿，将其摔出。（图1031）

要领说明：左腿的勾挂要与右臂的挒法相配合；右臂在运用挒劲时要有向前挤靠的劲；整个动作要做到缠绵不断，劲力合一，周身协调一致。

图1030

图1031

【动作二】腰裆加大左转；左手正旋，向左继续螺旋引劲，右拳加大反旋自转，拳心旋转朝上；同时，右腿随身体的左转向右侧震脚发力；目视右拳。（图1032）

要领说明：此动作是左引右捌、右捋、右挤靠配合右震脚的连环打法。整个动作要做到一气呵成，缠绵不断，劲力完整、贯穿合一。

图1032

用法一　破右拳右采左崩拳变左采右捋右脚跺击左脚法

1. 对方进右步出右拳攻击我，我右手採住对方右腕，以左劈拳崩砸对方面部；对方起左手封架我的左劈拳。（图1033）

2. 我腰裆左转，左拳变掌，反採对方左腕向左侧螺旋引劲，右臂收肘向左侧捋劲；同时，右脚向前跺击对方左脚面。（图1034）

要领说明：此式是左採右捋的演变打法。动作要一气呵成，劲力要做到完整合一；右脚跺击时，要有松沉劲。

图1033

图1034

用法二　破右拳右採左崩拳变左採右挒右腿别摔法

1. 对方进右步出右拳攻击我，我右手採住对方右腕，以左劈拳崩砸对方面部；对方起左手封架我的左劈拳。（图1035）

2. 我腰裆左转，左拳变掌，反採对方左腕向左侧螺旋引劲，右臂屈肘领劲螺旋，用右前臂沉劲挒打对方左肘反关节；同时，右腿进步到对方左腿前侧，使对方被我别摔而倒。（图1036）

要领说明：此式是在左劈拳的基础上演化的打法。此式的变化，右腿在进步时不是踩脚，而是别摔。动作要做到缠绵不断，内外相合。

图1035

图1036

第六十式
顺拦肘

顺拦肘，顾名思义，此劲力的运用要做到顺遂、顺势。在古拳谱的陈式太极拳中，此式的命名为“顺鸾肘”，其为鸾（传说中的神鸟）顺风借势而飞之意。此命名隐含了太极拳的借力打力。此招式在劲力取势中，要做到劲力的顺遂，其法主要体现于中、近距离的肘法运用。当然，拳法的变化并不是一成不变的，要以其基本的技法为主，然后再根据情况的变化而演化出不同而合理的其他打法。

【动作一】左手在腹前自转正旋，右拳变掌反旋，向左侧收肘捋劲；同时，左腿向左侧退步，右腿随右手收肘捋劲而后退小半步变右丁字步站立；目视右前方。（图1037）

要领说明：此动作主要是练习退步左採右捋之法。在此捋法中，包含着退步左採外侧捋法、退步左採上侧捋法和退步左採内侧捋法。所有捋法要求内外相合，动作协调一致，手法粘连黏随，劲力完整合一。顺拦肘，就是在此几种的捋法变化中，巧妙运使右肘的攻击。

图1037

用法一　破左拳左採退步右外捋法

当对方进左步出左拳攻击我面部时，我腰裆左转，左手正旋，採住对方左腕向左侧退步引劲，右腿随之向左侧后撤小半步，右手反旋掤住对方左臂外侧，顺势向左侧捋劲。（图1038）

图1038

要领说明：此法是退步的外侧捋法。右手捋劲时，要做到先收肘，后收手。

用法二　破左拳左採退步右内捋法

当对方进左步出左拳攻击我面部时，我腰裆左转，左手採住对方左腕向左侧退步引劲，右腿随之向左侧后撤小半步，右手反旋缠抱住对方左臂内侧，顺势向左侧捋劲。（图1039）

图1039

要领说明：右手内侧的捋法要有挒劲和缠抱劲，要控制住对方左臂。

【动作二】腰裆右转；左手採劲不丢，右腿向右侧呈弧形开步；同时，右臂屈肘，右肘随身体右转，向右侧撞击；双腿顺势成马步下沉，目视右肘方向。（图1040）

图1040

要领说明：右肘向右侧撞击时，要有粘黏劲，要做到在螺旋和粘黏中发力，真正做到不丢不顶，步法要沉稳。要以腰裆发力，劲力要做到完整合一。

用法一　破左拳左采右外捋变右挂腿右肘撞肋法

1. 当对方进左步出左拳攻击我面部时，我腰裆左转，左手採住对方左腕向左侧退步引劲，右腿随之向左侧后撤小半步，右手反旋，掤住对方左臂外侧，顺势向左侧捋劲。（图1041）

2. 腰裆右转，左手採劲不丢，右腿进步向对方左腿扫挂；如果对方躲开我的右扫挂，我右腿顺势落地变马步，沉裆塌劲，同时，右臂反旋变肘撞击对方左肋，使对方跌出。（图1042）

要领说明：右手反旋时，不可丢掉掤劲，要有粘黏的掤劲；右肘撞击时，要有螺旋的爆发力；右腿也要起到勾挂绊摔的缠丝劲。

图1041

图1042

用法二　破左拳左采右内捋变右挂腿右肘撞击胸口法

1. 当对方进左步出左拳攻击我面部时，我腰裆左转，左手採住对方左腕向左侧退步引劲，右腿随之后撤小半步，右手反旋，缠抱住对方左臂内侧，顺势向左侧捋劲。（图1043）

图1043

2. 腰裆右转，左手採劲不丢，右腿进步扫踢对方左腿；同时，右臂反旋变肘撞击对方胸口。（图1044）

要领说明：右手要做到粘连黏随，右肘撞击要有爆发力，要做到沉裆塌劲，身体中正。

图1044

用法三　破左拳左採右上捋变右肘撞击面部右挂摔法

1. 当对方进左步出左拳攻击我面部时，我腰裆左转，左手採住对方左腕向左侧退步引劲，右腿随之后撤小半步，右手反旋，掤住对方左臂上侧，顺势向左侧捋劲。（图1045）

图1045

2. 当对方受到我的捋劲身体前倾之时，我腰裆右转，右手反旋变肘，随腰裆右转撞击对方面部；同时，右腿顺势扫挂对方左腿，使其仰跌。（图1046）

要领说明：右肘撞击对方面部时，要顺势而发；腰裆转换要圆活；右肘击打要做到肩部放松，整个动作要一气呵成。

图1046

第六十一式
窝底炮

此招法在古谱中被称作“窝底大捉炮”，是一式指上打下的招法。第一手是攻击对方的咽喉，如果对方防守我的锁喉或击喉，我右手迅速反旋向下取其裆部。右手取上击下之时，右臂一定要做到松肩沉肘，如果右臂过于僵硬，就不可能做到运用自如。很多外行人老是质疑太极拳的“松”，都认为“松”是无法对抗，这是极端错误的！而有的太极拳习练者，往往也不懂太极拳虚实的变化，一味盲目地松，最终失去了掤劲，致使偏离了太极拳技击的方向。

【动作一】腰裆左转；左手在腹前正旋自转，马步不变；右手握拳向左侧反旋，拳心由内向外旋转，拳面朝下，右臂松肩沉肘；目视右前方。（图1047）

要领说明：此法是左採右臂螺旋捋、挒的用法。右拳要做到领劲螺旋，身体自转，以腰带手。

图1047

用法一　破左拳左採右臂左捋法

当对方进左步出左拳攻击我面部时，我腰裆左转，左手正旋，掤採对方左腕向左侧引劲，同时，右臂下垂反旋自转，随腰裆左转掤化对方左臂。（图1048）

图1048

要领说明：要求做到松肩沉肘，沉裆塌劲。

用法二　破左拳左採右肱捩法

当对方进左步出左拳攻击我面部时，我腰裆左转，左手正旋，掤採对方左腕向左侧引劲，同时，右手从对方左臂下穿入领劲螺旋，随腰裆左转捩打对方左臂肘关节。（图1049）

图1049

要领说明：此式与上式理法相同，只不过上式是运用捋法，而此式是捩法。捋法和捩法都是根据具体实战的需要而产生不同的阴阳变化。

【动作二】马步不变，腰裆右转；左手加大正旋採劲，同时，右拳反旋向右上方崩击；目视右拳。（图1050）

图1050

要领说明：右拳崩击要配合腰裆的旋转。在实用中，右拳可变为崩拳击打对方面部，也可以螺旋领劲直取对方咽喉或下颏，还可以变八字掌锁拿对方咽喉。此法还有三节的变化打法，在攻击中，右肘或右肩的用法也不可忽视。

用法一　破左拳左采右肱挒变右手正旋锁喉法

1. 当对方进左步出左拳攻击我面部时，我腰裆左转，左手正旋，掤採对方左腕向左侧引劲，同时，右手从对方左臂下穿入，随腰裆左转挒打对方左臂肘关节。（图1051）

2. 腰裆右转，左手的採劲不丢，右手正旋变八字掌，向上锁拿对方咽喉。（图1052）

要领说明：此法为擒拿之法，其理法由上旋击打法演变而来。右手正旋向上旋转时，右前臂要有正旋的掤化劲，右臂要做到松肩沉肘。

图1051

图1052

用法二　破左拳左采右肱挒变左肩挤靠法

1. 当对方进左步出左拳攻击我面部时，我腰裆左转，左手正旋，採对方左腕向左侧引劲，同时，右手从对方左臂下穿入领劲螺旋，随腰裆左转挒打对方左臂肘关节。（图1053）

图1053

2. 如果对方腰裆左转，左臂松肩沉肘，化解我的挒劲时，我左手採劲不丢，右臂掤点放松，借势引进，使其落空，右臂下旋缠掤，顺势以右肩靠击对方胸部。（图1054）

图1054

要领说明：太极拳的宗旨就是借力打力，顺其自然。在实战中，任何的来力都不要盲目硬抗，要做到随曲就伸，引进落空。此式要求腰裆转换圆活，身体要放松，裆劲要沉下。

用法三　破左拳左採右捋变右掌反砍颈部法

图1055

1. 当对方进左步出左拳攻击我面部时，我腰裆左转，左手正旋，掤採对方左腕向左侧引劲，同时，右手反旋，掤住对方左臂向左侧收肘捋劲。（图1055）

2. 腰裆右转，左手採劲不丢，右掌顺势砍击对方颈部。（图1056）

图1056

要领说明：右掌砍击时，右臂的掤点粘黏掤劲不要丢，要做到粘连黏随，松肩沉肘；右掌出手要快捷，即一捋不成立即反击。

【动作三】腰裆左转；左手在腹前反旋自转，马步不变；右手反旋向右下方撩击；目视右前方。（图1057）

图1057

要领说明：此法是指上打下、声东击西之法。拳法的宗旨在于能熟用于心，巧于变化。此动作要求做到松肩沉肘，柔中带刚，腰裆转换要圆活，劲力要直达梢节。

用法一　破左拳左採右崩拳变右肱捌左肘法

1. 对方进左步出左拳攻击我胸部，我左手採住对方左腕，腰裆右转，右手从对方左臂下以反崩拳砸击对方面部；对方用右手採住我的右拳。（图1058）

图1058

2. 我腰裆左转，左手的採劲不丢，右手反旋变挤，化解对方的右採手，同时，以右肱部随腰裆左转之机，捌打对方左肘反关节。（图1059）

图1059

要领说明：右手反旋，不仅仅是化劲，其中含有挤劲；另外，右肱捌打时，要随腰裆的左转顺势发力，劲力要完整合一。

用法二　破左拳左采右崩拳变右拳撩阴法

1. 对方进左步出左拳攻击我胸部，我左手採住对方左腕，腰裆右转，右手从对方左臂下以反崩拳砸击对方面部；对方用右手採住我的右拳。（图1060）

2. 我腰裆左转，左手的採劲不丢，右手反旋变挤，化解对方的右採手，同时，右拳反旋领劲，旋转向下撩击对方裆部。（图1061）

要领说明：此式在古拳谱中，下撩阴的打法可以变抓对方裆部之法，又名“窝底大捉炮”。右手在撩阴时，右臂要放松，劲力在右手梢节，要有鞭子的甩劲，做到柔中带刚、绵里藏针。

图1060

图1061

第六十二式 井拦直入

此式虽然看似极其简单的一招，但其中的变化很多，它可以在防守对方左右拳脚攻击的同时，快速做出反击。武术的技击往往就是简单明了，“大道至简”就是这个道理。此式的井拦直入与第十一式有别的是，前一式是阴，而此式属阳。阴，就是我右手採对方右手，从对方边门攻击；阳，就是我採对方左手，攻击对方中门。在演练时，大家要分出阴阳的变化，那样便于理解和熟练应用。此式的变化属于阳，即破解对方左拳的进中门的打法。但为了便于大家学习，此式的讲解与前式相同。

【动作说明】腰裆右转；右手正旋採手于右耳侧；随之，左腿进步，脚尖向右前45°方向领劲；同时，左掌沉肘向前按出，高与胸齐；目视左掌。（图1062）

图1062

要领说明：右手正旋採手要与腰裆右转协调一致，也就是说，右手的缠丝与身体自转的旋转要完整一气；右手的高度一般在面部高下，右肘一定要沉下，肩部要松开；左手在按掌时，肘也要沉住，不可起肘，其发力方向也要顺右转之势形成旋转合力，如此，按劲才能沉稳有力。另外，左掌在运用按劲发力之时，要与左腿在上下一个重影垂线上，这就是拳法讲究的外三合，即手与足合、肘与膝合、肩与胯合。

用法一　破左拳右採进步左掌按击胸部法

当对方进左步出左拳攻击我面部时，我腰裆右转，右手正旋，向上掤採对方左手腕；同时，左腿进步，左掌顺势按击对方胸口。（图1063）

图1063

要领说明：左掌在按击对方胸部时，指尖要领劲，依次按出，裆劲要下塌，不可失去重心，要做到不依不靠。

用法二　破左拳右採右转身左手别肩靠摔

1. 当对方进左步出左拳攻击我胸部时，我腰裆右转，右手正旋，向上採住对方左腕；同时，左腿进步至对方裆前，左手顺势反旋，向下掤按住对方左膝外侧。（图1064）

图1064

2. 腰裆加大右转，右手向右侧引劲，左手反按对方左膝，使其身体无法转换失去平衡而倒，同时，左肩顺势靠击对方胸部。（图1065）

图1065

要领说明：此法是左手别摔加左肩靠法。动作要求做到一气呵成，缠绵不断；腰裆转换要松活。

用法三　破左蹬腿右勾左插腿左按膝别摔法

1. 当对方用左蹬腿攻击我腹部时，我腰裆右转，右手勾住对方左脚跟，左手按住的左膝；同时，左腿擦地向前别住对方右腿内侧。（图1066）

2. 腰裆加大右转，右手勾住对方左腿向右引劲，同时，左手掤住对方左膝，与右手形成捌劲，将对方别摔而倒。（图1067）

要领说明：此法为上捌腿下别摔之法。要求做到上下协调，劲力完整，周身合一。

图1066

图1067

第六十三式
风扫梅花

此式主要是承接井拦直入的组合打法。此组合与前面的井拦直入、风扫梅花、右转身捣碓成阴阳的变化组合。此拳是破解左拳和左腿的右转身前后、左右扫腿的上下结合招法，它要求腰裆转换圆活，周身协调一致，劲力要完整，身体右转就恰如风扫梅花一般，而敌手纷纷倒地。招法虽分阴阳，但在实战中要做到触类旁通，融会贯通，左右手法和腿法要做到随机而动，左右逢源。

【动作说明】接上动。腰裆右转，右腿往后插步转体270° ；右手正旋自转，随身体右转时按于右胯前，同时，左手掌变自转反旋收肘，随腰裆右转收至胸前，掌心向右；目视左掌指。（图1068）

要领说明：此式是上式井拦直入的跟进打法，它加大了井拦直入的旋转角度和手法的缠丝劲。在风扫梅花一式中，不管是右手的正旋，还是左手的反旋收肘，在做到肩领肘、肘领手的同时，还必须做到自转螺旋，这样，手法才能做到不丢劲，劲力就会缠绵不断。

图1068

用法一　右采左拳左按胸变捋臂背负摔

1. 此式是接上式井拦直入的变化打法。我右采左拳，左掌按击对方胸部，对方出右手拦挡我左掌。（图1069）

图1069

2. 我腰裆右转，右手採劲不变，左手顺势反旋，从对方左臂下穿入，缠抱对方左臂，借身体右转之势，将对方背摔而出。（图1070）

要领说明：背摔之时，要填腰进胯，塌腰捋劲，藏头俯腰。其实，就是身体的大立圆旋转。

图1070

用法二　右采左腿按胸变转身捌腿右肘击打面部法

1. 此式是接上式井拦直入的变化打法。当对方用左蹬腿攻击我腹部时，我腰裆右转，用右手勾住对方左脚跟，同时，左腿进步，左手按击对方胸部。（图1071）

图1071

2. 如果对方用手法化解我的左掌，我顺势左掌反旋回收，掤住对方左膝关节，身体向右旋转，用右肘转身撞击对方头部。（图1072）

要领说明：此法是接上式井拦直入的变化别腿摔。左手的按击转化掤劲，要做到缠绵不断，一气呵成。

图1072

第六十四式
金刚捣碓

此式金刚捣碓在洪派太极拳中，称之为“右转身捣碓”。其技法意义是右手从对方左臂外侧缠捌，采用了缠抱对方左臂的打法。此式的右转身捣碓虽然与前第二个式子练法相同，但用法有别。在二路炮捶中，共有三个金刚捣碓，正如陈式一路的三个捣碓一样，其法虽变化无穷，但从拳势分，大致可分为金刚捣碓、左转身金刚捣碓和右转身金刚捣碓。其中的用法也各不相同，但为了便于学者理解和融会贯通，我在第一个金刚捣碓中就很详尽地概括了其技击的法则，在这里就不再作详细的分解。

【动作一】腰裆左转；左掌在腹前反旋一周，右掌向腹前收肘，双手合于胸前，成右虚步；目视前方。（图1073）

要领说明：左手反旋要有採按的劲，右手要有正旋的缠丝劲，身体要保持中正。

图1073

用法　破左拳左采右拳外缠捌法

当对方进左步出左拳攻击我面部时，我腰裆右转，左手反旋采住对方左腕，同时，右手从对方左臂内侧向外正旋，缠锁住对方左臂。（图1074）

图1074

要领说明：此法是破解左拳的右手正旋擒拿法。右手正旋要做到右臂放松，手指领劲。

【动作二】腰裆右转，左脚蹬地发力向上跳起，右膝向上提起撞击；右手正旋自转向上螺旋，左拳随身体自然在腹前自转；目视前方。（图1075）

图1075

要领说明：右手抱缠对方左臂上跳缠捌的目的，是加大右手的缠捌劲。右手抱缠左臂时，要做到右手领劲螺旋，身、手螺旋的劲力要合一。

用法一　破右拳左采右拳内缠捌提膝撞击法

1. 当对方进右步出右拳攻击我腹部时，我腰裆左转，左手反旋，从上向下采住对方右腕向左侧引劲，右腿进步至对方裆前，同时，右手正旋，掤住对方右臂下侧。（图1076）

图1076

2. 腰裆右转，左手反旋，缠挒对方右腕向左前推挒，右手顺势正旋领劲，缠挒住对方右臂；同时，头顶领劲，左脚借势向上方纵跳跃起，加大右手的缠挒劲，对方右臂必断无疑。（图1077）

要领说明：缠臂挒拿与上法相同。身体跳跃时，周身要协调一致；手上的缠丝劲要做到粘黏劲力不丢。

图1077

用法二　破右拳左採右手内缠挒变上纵加大挒劲法

1. 当对方进右步出右拳攻击我腹部时，我腰裆左转，左手反旋，从上向下採住对方右腕向左侧引劲，右腿进步至对方裆前，同时，右手正旋，挒住对方右肘下侧。（图1078）

图1078

2. 腰裆右转，左手採劲不变，身体上纵，加大右手的缠丝挒劲。（图1079）

要领说明：此法一般对付身材高大之人。为了加大右手的挒劲，配合身法的上纵，来加大对其右肘的攻击力度。

图1079

【动作三】腰裆微左转松胯，左右脚依次落地震脚，双腿同肩宽；右手螺旋收肘，向左手掌心砸拳；目视前方。（图1080）

要领说明：右手砸拳时，要做到肩领肘、肘领手的收肘下螺旋；身体要做到松肩沉肘，沉裆塌劲。

图1080

用法一　破右拳左采右腕右手内缠下旋摔法

1. 当对方进右步出右拳攻击我腹部时，我腰裆左转，左手反旋，从上向下采住对方右腕向左侧引劲，同时，右手反旋，掤住对方右臂上侧。（图1081）

图1081

2. 腰裆加大左转，左手采住对方右腕向左侧引劲，同时，右肘领劲缠掤对方右臂上侧走下螺旋，牵引对方身体向下栽倒，右腿顺势进步震脚下跺，以便加大身体左转的下旋劲。（图1082）

要领说明：周身劲力要合一，发力要沉猛。

图1082

用法二　破左拳左採左腕右拳外缠捌碾脚法

1. 当对方进左步出左拳攻击我面部时，我腰裆右转，左手反旋，採住对方左腕，同时，右手反旋，掤住对方左臂外侧。（图1083）

2. 腰裆左转，左手採住对方左腕向左侧引劲，右手收肘下旋，缠捌对方左臂肘关节；同时，右脚抬起向下后内旋碾击对方左膝弯足三里穴。（图1084）

要领说明：右脚碾击要做到力透右脚底；右手收肘缠捌要与腰裆下沉的劲力形成合力。

图1083

图1084

收 势

1. 双手反旋，从身体两侧向胸前同肩高，掌心朝下，凝神敛气；目视前方。（图1085）

2. 双手自然下垂，收于胯旁，气沉丹田。（图1086）

3. 目视前方，返回原起势。（图1087）

图1085

图1086

图1087

图书在版编目(CIP)数据

太极炮捶实战述真 / 孙国玺著.
-北京：人民体育出版社，2018
ISBN 978-7-5009-5398-2

Ⅰ. ①太… Ⅱ. ①孙… Ⅲ. ①太极拳-基本知识
Ⅳ. ①G852.11

中国版本图书馆 CIP 数据核字(2018)第 158115 号

*

人民体育出版社出版发行
中国铁道出版社印刷厂印刷
新 华 书 店 经 销

*

787×960 16 开本 28.25 印张 472 千字
2019 年 7 月第 1 版 2019 年 7 月第 1 次印刷
印数:1—3,000 册

*

ISBN 978-7-5009-5398-2
定价:85.00 元

社址：北京市东城区体育馆路 8 号（天坛公园东门）
电话：67151482（发行部） 邮编：100061
传真：67151483 邮购：67118491
网址：www.sportspublish.cn
（购买本社图书，如遇有缺损页可与邮购部联系）